九

九说中国

桥上桥下的中国

李晓杰 著

上海文艺出版社

出版者的话

作为人类四大古文明之一，华夏文明是世界上唯一没有中断并持续发展到今天的文明体系。这一文明体系发源于中国这片土地，在这片土地上发展壮大，立足于这片土地，敞开胸怀接纳吸收来自全人类的优秀文化元素，并不断向周边国家乃至全球传播，在对外交流中又进一步得到完善，从而形成了当今中国的文化面貌，也塑造着我们华夏民族优秀的精神品格。

对这样的文化，我们完全应该有充分的自信。而文化自信，是一个国家、一个民族发展中最基本、最深沉、最持久的力量。为此，我们决定组织编写这套"九说中国"丛书。

"九"这个数字,在中国传统文化中有着特殊的象征意味。在古时,九为阳数的极数,又是大数、多数的虚数,所以,既可以表示尊贵,也可以代表全部。据《尚书·禹贡》所载,大禹治水,后来称王,将天下划分为徐州、冀州、兖州、青州、扬州、荆州、豫州、梁州、雍州等九州;后来,九州可以代指整个中国。青铜器有"九鼎",成语"一言九鼎"表示说话有分量。"九"还与"久"谐音,有长长久久、绵延不绝之意。

"九说中国"系列丛书在体例上力图打破传统的学科界限和历史分期,从文化表现的角度着眼,系统展示华夏五千年文明的核心元素与基本样貌,凸显中国思想的博大精深、中国文化的源远流长、中国精神的丰富多彩,进而揭示华夏文明所具有的独特气质和深刻内涵,展示华夏文明的兼容并蓄和强大生命力。

中华优秀传统文化需要创造性转化,需要创新性发展;转化与发展最终一定是从实处、细微处生发出来。"九说中国"系列丛书邀请对中国文化素有研究的学者,从承载中华优秀文化的诸多细小的局部和环节入手，从最能代表中国气质、中国气象、中国气派的人物、事物、景物、风物、器物中，选取若干精彩靓丽的内容，以生动的语言和独特的叙事方式，描述华夏传统的不同侧面，向读者传达中华优秀传统文化的精气神。

"九说中国"系列丛书将分辑陆续推出，每辑九种。第一辑九种书目，涉及文字、诗歌、信仰、技术、建筑、民俗日常，并推究建立于其上、传承数千年的华夏观念。为了让海外读者有机会了解中国文化的博大精深和丰富多彩，本丛书在适当的时候还拟推出多种语言的国际版。

上下五千年，纵横一万里。"九说中国"系列丛书力求涵盖面广，兼顾古今，并恰当地引入中外比照；做到"立论有深度，语言有温度，视野有广度"，同时用当代读者喜闻乐见的表达形式加以呈现。

当然，丛书的编写是否达到了策划的预期，还有待读者诸君评鉴。欢迎各位随时提出批评改进的意见和建议。

目录

一　天堑条条变通途——古今史话 / 001

二　梁拱索浮齐斗艳——营造之术 / 025

三　力与美中奏和弦——构建之妙 / 059

四　别具一格美如画——园林飞虹 / 083

五　文人墨客竞折腰——诗中赏桥 / 107

六　苍龙负空连胜负——桥上战事 / 161

七　人杰桥灵忆往事——佳话典故 / 193

八　鹊桥仙中桥仙缘——神话传说 / 219

九　年年岁岁心系桥——桥俗民风 / 239

主要参考书目 / 271

壹

天堑条条变通途

古今史话

俗语说："逢山开路，遇水搭桥。"可见对于人们的交通而言，在自然界中的主要障碍便是山与河，而建筑桥梁，无疑是突破河流天堑的最主要且最有效的手段。在科学技术飞速发展的今天，各种巧夺天工的大小桥梁星罗棋布，为人们的出行提供了便利的条件。那么，桥是如何起源的？它在我国古代又是如何发展进而达到顶峰的呢？要解答这些问题，就让我们来回顾一下历史，从中来寻求答案吧。

（一）桥梁的起源

在科技还不太发达的古代社会，人们建造一座桥梁，远没我们今天这样便捷，尤其是在混沌初开的原始社会，对于我们的先民来说，哪怕是建筑一座在我们现在人眼中最为简单的桥，也已经是相当不易了。为了了解桥梁是如何出现的，还是把我们的视线拉回到数千年前的先秦社会，看看当时的人们是如何造桥的吧。

在原始社会时期，我们的祖先从最初的原始游牧逐渐转变为定点聚居。随着生产力水平的不断提高，人们开始有能力建造一些有一定规模的建筑物，在这些建筑群的周边，桥梁，也开始出现，并且日益成为人们日常生活中不可缺少的重要建筑物。

桥与梁在我国古代是同义异名的两个字。东汉时期的文字学家许慎在其名著《说文解字》中对"桥"有如下的一段解释："桥，水梁也。从木，乔声，高而曲也。"在对"梁"的解释中又说："用水跨木也，即今之桥也。"

可见最早出现的桥梁应该是木梁桥。而这种木梁桥最初很可能是因树木倒下而自然形成的，后来人们从中受到启发，才逐渐出现了有意识的伐木搭桥。

在陕西西安半坡村大约距今有四千多年的新石器时代的遗址中，发现密集分布的圆形住房四、五十座，而在这些建筑物的周围，挖有深宽各约五六米的大围沟。考古学家们推测，当年在大围沟中可能有水，主要起防御的功能。当时的人们为了出行，应该在大围沟上架有桥梁。而依据其时的技术水平，大概是用几根原木搭成的简支桥梁。

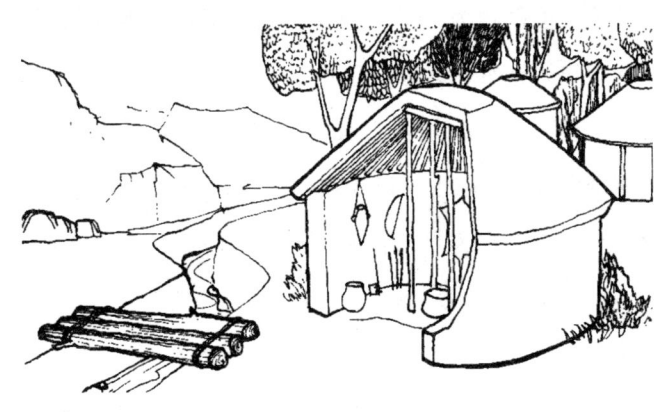

陕西西安半坡木桥假想图

到了文字出现的时代,有关桥梁的记载也开始增多,诸如梁桥、浮桥、索桥等多种型式的桥梁也都逐渐出现了。

梁桥是我国古代最早出现的桥梁。在晋代王嘉所辑的《拾遗记》里记载了这样一件事情:"舜命禹疏川奠岳,济巨海,鼋鼍以为梁。"在《竹书纪年》里又有如下的记述:"(周)穆王七年,大起师,东至于九江,架鼋鼍以为梁"。这两则记载中都提及了鼋鼍。鼋,是一种大鳖,而鼍也称鼍龙、猪婆龙,即扬子鳄。这两种动物都是大的爬行动物,出没于江湖之中。它们露出水面的脊背,恰好可以作为大禹与周穆王出行跋涉江海的桥梁。这两则记载显然颇具神话色彩。然而在浅滩溪涧中露出水面的石蹬、大石头等,远远望去确实就像一个又一个的鼋鼍脊背,所以古时候的人们形象地将水中的这些石蹬、大石头等称为鼋鼍。如果从这样的意义上去理解,《拾遗记》与《竹书纪年》中的记载的"架鼋鼍以为梁"实际讲的是我们的先人架设的堤梁式石桥。

所谓堤梁式石桥,就是用大小砾石或者是较为整齐的条石铺放在水面较浅的河流上，形成一个个的堤梁，人们可以踩着这些堤梁过河，也即人们说的"摸着石子过河"。这种桥可以说是梁桥的雏型。在现在不少的山区，还能见到这种堤梁桥。如在今天浙江泰顺，在洪水期很短的仕阳溪上，就因地制宜地并排铺设了一高一低两排堤梁桥，高的可便肩上挑担的行人通过，低的可供一般行人过溪。

在我国古代的第一部诗歌总集《诗经·卫风·有狐》就有关于商代堤梁桥的描述：

有狐绥绥，在彼淇梁。

其中提到的"淇梁"就是指在淇水上用石头堆砌而成的堤梁。淇水发源于今河南省林县临淇镇，下流到淇县，也就是商代纣王统治时期的都城朝歌。

史籍中记载春秋时期有名的堤梁桥是架设在今河南济原溴水之上的溴梁，在《尔雅·释地》中就有"梁莫大于溴梁"的描述。晋平公时就曾在此大会诸侯。另外

在今天江苏徐州附近建筑的"吕梁",也应是一座堤梁桥。在《水经注·泗水注》中,作者郦道元有这样的记载:

> 泗水之上有石梁焉,故曰吕梁也。昔宋景公以弓工之,弯弧东射,矢集彭城之东,饮羽于石梁,即斯梁也。

除了这种以石绝水的方式而筑的堤梁桥之外,跨水而过的梁桥在早期的书籍中也有记载。

在《史记·殷本纪》中则记载了商代的一座大桥:

> (周)武王既革殷,受天明命之后……命南官括散鹿台之财,发钜桥之粟,以振贫弱萌隶。

经后代学者的考证,这座被称为"钜桥"的梁桥应该是架在漳水之上的。

《史记·刺客列传》还记载了春秋末期刺客豫让为其

主子智伯报仇，躲在汾桥之下，准备行刺赵襄子的一则故事。从中可以推测，既然此桥之下能够藏身，应是一座规模较大的梁桥才是。

到了战国时期，梁桥的建造应该更多了。我们从《史记》所记载的战国时期苏秦以"尾生守信与女子期于桥下，大水来了而不走，最终抱柱而亡"的故事来游说燕王的事情中，可以知道，至少在这一时期，梁桥在我国黄河流域的建造已经较为普遍了，因为能让人抱柱的桥，应是梁桥。

浮桥是我国古代桥梁中的又一种建造类型。有关浮桥的记载在《诗经》中就已出现。《诗经·大雅·大明》中吟颂道：周文王为娶妻，"亲迎于渭，造舟为梁"。后代学者对这一诗句作了进一步的解释："造作梁桥也。作船于水，比之而加版于其上以通行者也。即今之浮桥也。"这首诗的创作年代在公元前12世纪，这是中国古代有关浮桥的最早记录。

随后，在《左传》鲁昭公元年（公元前541年）又记载道："秦公子鍼出奔晋……造舟于河。"当时秦公子鍼在秦国无法安身，害怕被秦景公杀死，于是要出逃到邻国晋国去。当时秦晋之间隔着黄河，而秦公子鍼随从资财甚多，"其车千乘"，如果要依靠摆渡过河自然要耗费很长时间，于是令人搭起一座临时浮桥，使车辆连贯过河。这座浮桥虽然是临时搭建的，但从这则故事中，我们可以看出在公元前6世纪，当时的人们已经具体备了在黄河这样的大河中架设浮桥的技能。

历史上出现的有明确记载的在黄河上架设的固定浮桥建于秦昭襄王五十年（公元前257年）。在这一年，秦国由于作战的需要，在今天的山西省永济县风陵渡一带"初作河桥"。因这一事件重大，被司马迁写入了《史记·秦本纪》之中。

索桥在我国古代最早何时出现，尚难定论。现在我们已知的较为确定的索桥出现在战国时代。其时秦国的蜀守李冰率领工匠在今天四川成都周边的郫江与检江上建造了七座桥。其中位于检江上的一座桥名叫笮桥，可能就是竹索桥。因为"竹索"在古代写作"筰"，也通"笮"。

至于拱桥，先秦时期还没有出现，虽然以往有学者依据甲骨文中的某些字体而认为商周已有拱桥，但现在看起来，这一说法并不可靠。拱桥的出现与建造应该是以后的事情了。

（二）古代桥梁的发展时期

秦汉魏晋南北朝时期是我国古代桥梁的发展时期。在此期间，修筑了不少的桥梁。

公元前221年，秦始皇一统天下，建立了中国历史上第一个统一的中央集权制的大帝国。为了让政令通达，往来便利，秦始皇下令以首都咸阳为中心，大修天下驰道。修路的同时，架设桥梁便是必不可少的一项连动工程，否则，要达到四通八达，也就只是一句空话了。所以，推测秦代时应修建有为数不少的桥梁。只可惜在当时没有相关的文献记载流传下来。另外，传说秦始皇曾在海中立柱建桥，依据当时的技术水平，在海上架桥，无疑是无法办到的，但从中透出，当时人们在条件允许的情况下，征服自然的能力与信心。

在秦代，修筑的最著名的桥梁要算都城咸阳的渭水桥。据史书中的记载，这座桥是一座多跨梁桥，全长有500米左右，共有68跨，由750柱组成了67个桥墩，每墩由11根或12根柱构成。当时建造这座桥的目的是想将修建在渭水南面的长乐宫与渭水之面的咸阳宫联系在一起，用渭河来象征天上的银河，架桥南渡，象征牵牛星座，以此显示天子的超凡与脱俗。

汉代建立之后，重修了秦渭水桥，并在该桥的东西两面又先后各架设了东渭桥与西渭桥，形成了著名的渭水三桥。在汉代，渭水桥是迎来送往的一处重要场所。汉高祖刘邦死后，丞相陈平、太尉周勃诛除诸吕，并率领群臣在中渭桥迎候代王刘恒（即汉文帝）入长安即位。汉将李广利出兵匈奴时，丞相刘屈氂为他送行，也是至渭桥而别。汉宣帝时，匈奴呼韩邪单于朝觐汉廷时，诸蛮夷君长王侯数万人，在渭桥下列队相迎，当汉宣帝登上渭桥时，人们三呼万岁。东汉末年，董卓入关时曾将中渭桥焚毁，魏文帝曹丕在位时又将中渭桥修复。

内蒙古和林格尔东汉墓洞口上壁画的渭河桥图

深受秦渭桥建筑风格影响的汉代桥梁有几座，如沣桥、灞桥、浐桥等。其中最有名的，当属位于今天陕西西安安东北的灞水之上的灞桥。这是一座石梁桥。自建桥之后，两千年间一直是长安与潼关以东的交通咽喉，又是古人折柳送别的所在，留给后人不少传颂的著名诗文。

旧灞桥侧影

汉宣帝时，西北边地遭到的羌人侵扰，汉朝老将赵充国赶到当地了解情况后，提出治军屯田、疏浚沟渠，建造七十座桥梁，以利行军作战的建议，为宣帝所采纳，最终达到了击败羌人的目的。桥梁在军事行动中的作用已经大大显现。

汉代最为有名的第一座架于长江之上的浮桥，是在东汉光武帝建武十一年（35年），四川割据势力公孙述在现今的湖北省宜都县荆门和宜昌县虎牙之间，利用险要的地势所架设的江关浮桥，其目的是想断绝汉光武帝西进的水路交通。但最终被东汉的水师，利用风势，纵火将这座浮桥烧毁。

拱桥在汉代也已出现。在1957年河南省新野县北安乐寨村出土的东汉时期的画像砖中就刻有拱桥的图形。在这块画像砖上刻有一座单孔裸拱桥（拱券上没有建筑）。桥上有驷马，车前有骑马者，桥下还有几艘船只划行。从这幅图画中，我们可以明确地获知，至迟在东汉时期，拱桥已有修建。至此，桥梁建造的主要类型都已出现，说明这一时期我国古代人民在造桥技术方面已有了长足的发展与进步。

两晋南北朝时期，由于战事较多，浮桥的架设明显增多。晋武帝泰始十年（274年），杜预率军南征，在河南孟津附近的黄河上架设了河阳浮桥。东晋成帝咸康二年（336年），在今天的南京建造了一座浮桥，由于在桥上又建有重楼，楼上置两铜雀，所以称为朱雀大桁。穆帝永和六年（350年），苻坚造洛阳盟津浮桥，渡桥之后，便将这座浮桥烧毁了。

（三）古代桥梁的兴盛时期

隋唐两宋时期，是我们古代桥梁的全盛时期。特别是隋朝，其统治的时间虽然短暂，但在中国古代造桥史上却留下了非常重要的遗产。

隋在长安建造霸陵桥，又在大业元年（605年），运用"铁锁维舟"的方法，架设了一座铁链浮桥——天津桥。至于处于当时运河枢纽位置扬州城内的二十四桥，更是名闻遐迩。

石拱桥的建造技术，在隋代可谓是登峰造极。最为著名的有两座桥梁：一是建于隋文帝开皇四年（584年）的小商桥。该桥位于河南临颍，是一座单孔敞肩圆弧石拱桥。

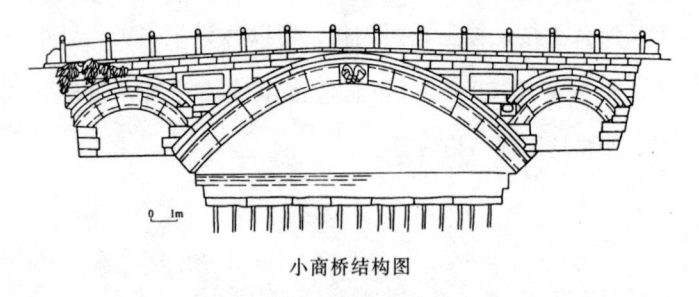

小商桥结构图

　　另一座便是始建于隋文帝开皇十五年（595年），竣工于炀帝大业二年（606年）的河北赵州安济桥。这是一座比小商桥更大的单孔敞肩圆弧石拱桥。赵州桥的桥跨桥式处世界之最，达一千二百余年之久。即使在今天，建造这样一座桥梁也并非易事。因此，可以说这是一座高度科学性与完美艺术性相结合的古代桥梁的典范杰作，设计与建造这座桥梁的工匠李春等人也因此青史留名，永载史册。

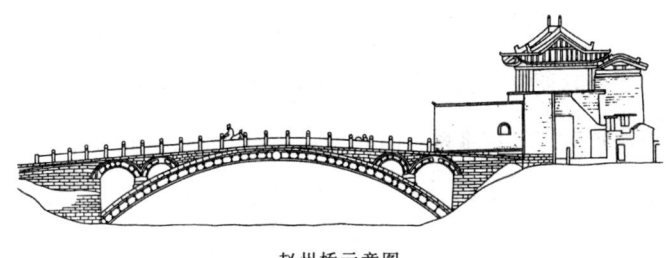

赵州桥示意图

降至唐朝，桥梁的建造更为兴盛，造桥也不仅仅是民间行为，政府也开始拨款，参与督造。《旧唐书·职官志》载：

> 凡天下造舟之梁四（河则蒲津、大阳、河阳，洛则孝义也），石柱之梁四（洛则天津、永济、中桥，霸则霸桥），木柱之梁三（皆渭川：便桥、中渭桥、东渭桥也），巨梁十有一，皆国工修之，其余皆所管州县，随时营葺，其大津无梁，皆给船人，量其大小难易，以定其差。

在上面引文中提到的蒲津浮桥，位于今天的山西省永济市，对岸便是陕西省大荔县朝邑镇，即前文中言及的战国时期秦国在黄河上"初作河桥"的那座浮桥。此桥从那时起一直维系到隋朝末年。隋唐之际，由于战争，这座浮桥遭到破坏。唐高祖时又将此桥修复。唐玄宗开元十二年（724年），将原来的竹索浮桥改为铁锁浮桥，用铸造精良的铁牛、铁山、铁柱、铁人埋在河水两岸，以便维系铁链。另外，还以环状铁链将作为浮体的舟船连在一起，主缆两端固定在岸锚上。这样不仅提高了大桥的抗拉性，而且也增加了桥面的稳定性，同时还大大提高了这座浮桥对抗水流的能力。此桥在金代末期曾毁于战火。明太祖洪武二年（1369年），为了军事需要，又恢复建造了这座浮桥。后来在明武宗正德（1506—1521年）与明神宗万历（1573—1620年）年间，都曾对此桥加以整修。但十分可惜的是，后来随着黄河河道的无常摆动与政治重心的东移，蒲津桥终于再也无法恢复昔日的风采了。

唐朝东都洛阳，洛水由西向东，穿城而过，天津桥便架在洛阳城北的洛水之上。此桥在隋时即已建，只是当时是一座以缆系船的浮桥，后来由于洛水暴涨，浮桥遭到破坏。到了唐代贞观年间，重建此桥，而改为石柱梁桥。此桥之所以称为天津桥，是采《尔雅》上所说的"斗牛之间，为天汉之津"之意。

作为木柱梁桥代表的渭水三桥都经过了全面的重建，规模更加宏大，所显现出的造桥技术也更加成熟。西渭桥在唐时又称咸阳桥，是丝绸之路东到长安的最后一站。唐代与吐蕃之间发生的不少事情，都与此桥有着或多或少的关联。

在今苏州东南葑门外六里的宝带桥，始建于唐元和十一至十四年（816—819年），因唐刺史王仲舒捐献宝带资助建桥而得名，是一座著名的多孔古石拱桥。桥梁全长有300米，53孔，桥宽超过4米。其中三孔联拱特别高大，用来通行大的船只，两旁各拱路面逐渐下降，形成弓形弧线。因这座桥在当时是京杭大运河南段（名江南河）边上的一座纤道桥，因此，在建筑上采取了跨径小的多孔、狭长和平坦的桥型。宝带桥由于位于苏州至杭州、嘉兴、湖州陆路必经之处，又跨诸湖之口，是船只通往运河及吴淞江的一个关口。

在唐代，索桥在西南地区的架设依然十分兴盛，所采用的桥缆索，或用藤、竹，或用铁锁。其中较为著名的，要数在云南丽江和维西之间架设的"铁桥"。此外，在吐蕃地区还建有婆夷水藤桥、漾濞水铁锁桥。

宋代桥梁建设在承继了前代的基础之上，不仅扩大了建造规模，而且在技术上也有所创新。

从宋皇祐五年（1053年）至嘉祐四年（1059年），用了六年多的时间，在福建泉州湾洛阳江口上，修建了我国第一座濒临海湾的大石桥——万安桥，又名洛阳桥。此桥的桥基建造采用了"筏形基础"的技术，是建桥史上的一大创新。另外，为使桥基稳固，还运用了牡蛎固基法，在世界上最先将生物学应用到了桥梁建造之中。

北宋末年，画家张择端在其《清明上河图》长卷中，对汴梁（今河南开封）著名的虹桥作了细致的描绘。该河桥坐落在汴梁城闹市区的东水门附近的汴河之上，采用了新颖的木拱桥的结构，贯插众木成拱而建。这种桥梁的优点是，一跨过桥，避免了来往过桥船只对桥梁的冲撞。此桥后来毁灭于宋金战火之中。

南宋时期闽中地区在万安桥建成之后，又建造了一批石梁石墩桥，以致人们有"闽中桥梁甲天下"之叹。在这些石桥中，始建于宋绍兴八年（1138年），花了十四年才建成的福建晋江安平桥，十分著名。这座桥总长五里多，有362孔，是世界上少见的古长桥，有"天下无桥长此桥"之誉。

建于南宋乾道年间（1169—1173年）的广东潮州的广济桥（又称"湘子桥"），横跨在韩江之上。桥长五百多米，分为三段。东西两段，采用石墩石梁的建筑形式，中段为了便于河道通航，而采用可随时解缆移动的浮桥形式。所以，这是一座石梁与浮桥结合在一起的组合桥梁。这种组合形式，可谓近代所谓的"开合桥"的先声。

南宋嘉熙四年（1240年）建造的福建漳州虎渡桥（又名江东桥），也是令人十分惊奇的一座石梁大桥。这座桥在建筑上采用了悬挑四层的石墩以增大桥下净孔的技术，其中最大的石梁长23.7米，宽1.7米，高1.9

米，重达 200 多吨，即使在今天的技术条件下，要开采、运输、架设如此巨大的石梁，也是十分不易的。

在南宋时期，城市内的桥梁建造也颇有特色。位于今天浙江省绍兴市城东的八字桥便是一座布局巧妙兴建于宋代的城市石梁桥。这是一座石壁石柱墩式石梁桥，坐落于一条丁字形的河道上，南北为主河道，向西接着一条支流，桥在三向四面落坡，在桥东端紧沿河道向南北两个方向落坡，桥西端又从西、南两个方向落坡。西端南面的坡道下还建有一个小孔，跨越小河。这种设计形式解决了三街二河复杂的交通问题。由于是两桥相对而斜，在形状上与汉字的"八"字十分相像，因此而得名。这座桥也是我国现存最早的城市桥梁。

元、明、清时期，驿路与漕运的发展，对古桥的建造与修缮都作出了许多贡献。如元朝，坐落于永定河上修建于金代（1189—1192 年）的联拱石桥卢沟桥被全面修整。明朝崇祯七年（1634 年），初建于宋代的位于今江西抚州的万年桥，由浮桥改造为一座长为四百多米的联拱石桥。清代，从康熙四十四年（1705 年）到四十五年，位于今四川省甘孜藏族自治州泸定县城西的大渡河上铺设了泸定铁索桥。此外，清朝公私园林里建造起的各式小桥，也显现出了极高的艺术水平。

(贰)

梁拱索浮齐斗艳

营造之术

中国古代桥梁建筑的历史悠久，古代劳动人民凭借自己勤劳的双手和聪明才智，创造了许多精湛的桥梁工艺。建造古桥的科学技术水平在当时处于世界前列，比如我国有世界上建造最早、跨度最大的圆弧形敞肩石拱桥——河北赵州桥；有世界上最长的跨海湾的石梁石墩桥——福建泉州安平桥；有世界独一无二的平行于河流的纤道桥——浙江绍兴古纤桥等。中国古代桥梁不外乎梁桥、拱桥、索桥、浮桥等几种类型，保存下来的古桥是古代桥梁建造技艺的最好见证。让我们来欣赏一下我国古桥在技术上的绝妙之处吧。

(一) 梁桥

梁桥又称平桥、跨空梁桥,是以桥柱或桥墩作水平距离承托,然后架梁并平铺桥面的桥。梁桥有若干种划分方式。如果按其建筑材料的来分,则有木梁桥和石梁桥的区别;如果按其结构的不同,又可分为简支梁桥与伸臂梁桥。从原始社会的独木桥,到春秋战国时期的木梁柱桥,再到宋代石梁桥的极盛;从简支的梁桥,再到木材纵横叠起伸向河中的伸臂梁桥,从这些梁桥类型的不断变化中,我们也可看出梁桥建造技术的发展过程以及古代劳动人民的智慧。我们还是从实例中来看一下吧!

木梁桥

首先以江西莲花木梁柱桥为例来看一下简便木梁柱桥的建造。简便的木梁桥大多是民间或军用的临时性木桥,建造目的通常只有一个,即只要可以过人就行了,于是桥的每个支点多为双柱，或垂直插入土石中。大多数的简便木梁桥采用的是将桥柱分别向上、下游倾斜成八字，以增加桥柱横向稳定及抵御水流及漂流物的冲击。这类"板凳"形的桥柱，虽然极为单薄，却相当结实。江西莲花木梁柱桥采用并立双排木柱分别搭梁，非常稳妥。

江西莲花木梁柱桥

古木梁桥中，建筑技术之绝妙，至今仍令人称道的，当属今陕西省西安市的灞桥。

灞桥始建于汉朝，原本是一座石梁桥，后来不知何时将桥的石梁改建为木梁。据载，王莽地皇三年（22年），一位难民躲在桥下生火做饭，不慎失火，导致桥毁。重修后改名为"长存桥"。隋开皇三年（583年），重修灞桥，这次采用了石梁。《唐六典》中记载："天下石柱之桥四，洛则天津、永济、中桥，灞则灞桥。"说明灞桥在隋唐时期还是石柱石梁桥。宋神宗年间（1068—1085年），桥毁重修。之后，灞桥屡毁屡修，清朝曾流行一种"桥自宋以来率六十年一成毁，若有数焉"的说法，说明宋以后桥梁能六十年安然无恙的实属少数。清

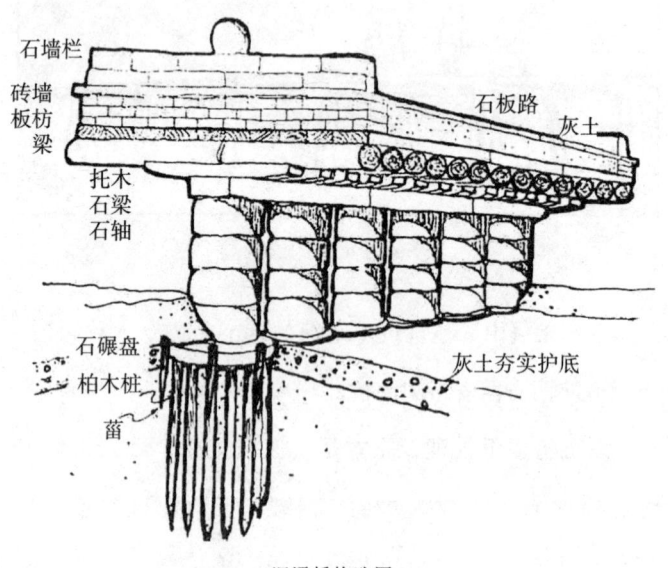

旧灞桥构造图

道光十三年（1833年），重修灞桥，这次建造的是一座木梁桥，也是笔者下面要着重介绍的桥，这座桥解放后仍可使用，一百多年来坚固如初，岿然不动。1957年，对灞桥进行的改建，仅将上部改为钢筋混凝土结构，下部依然如旧。现在通常我们把道光年间的灞桥称为旧灞桥。

旧灞桥长近400米，共17跨，各跨6米左右不等，桥宽约7米，是一座多跨的桩基础石制排架墩简支木梁桥。它历久不毁的主要原因在于有可靠的下部结构：护底、柏木桩、石盘、石柱和盖梁。当年施工时，首先将柏木桩群打入沙土中成梅花桩式，底沙被群桩挤紧，形成坚实紧密的基础。打桩完毕之后，将各桩顶锯齐，在桩顶之上安放石碾盘，使桩顶与石碾盘严密贴紧。然后在中心处凿有卯眼的石碾盘上安放石柱，这样可使石盘与石柱连为一体。石柱也很特别，不是整根石材，而是由几层石轴相叠而成。石柱顶上安置石制盖梁作为六座石柱的公帽，一梁六柱构成排架式桥墩。石盖梁之上横架托木，在平面上托木与石盖梁成直角。托木上架设木制主梁，主梁之上铺满枋板，枋板左右砌上石砖墙。最后在枋板之上，砖墙里面填上灰土，铺设石板作为路面。这样的结构看似简单，实际上在处理怎样使石碾盘与石柱之间、石轴与石轴之间联系坚固，如何使用灰土等一些具体操作上，技术都是很精妙的。

当河谷宽度超过十米，中间又不便砌筑桥墩时，木简支梁桥就难以胜任了，为增大木梁桥的跨度，古人创建了伸臂木梁桥。它采用圆木或方木纵横相隔叠起，由岸边或桥墩上层层向河谷中心挑出，犹如古建筑中的层层斗拱。

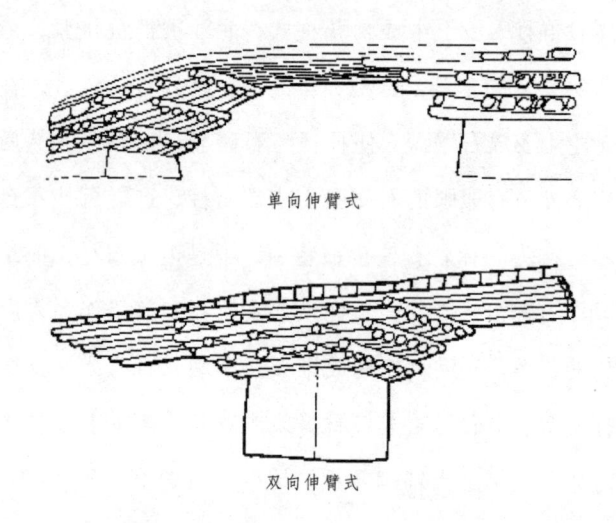

单向伸臂式

双向伸臂式

斜撑伸臂式

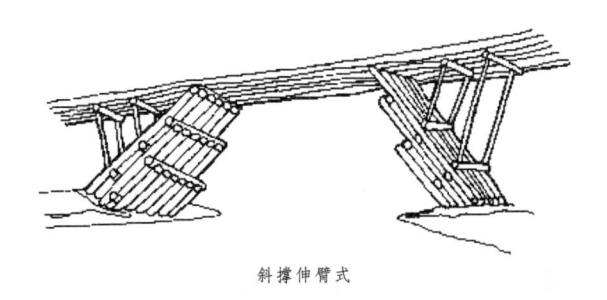

三种伸臂木梁桥图

甘肃是伸臂梁桥的发源地,较著名的有兰州握桥。握桥又叫卧桥或西津桥,相传建于唐代。《兰州府志》称:

> 西津桥在县西二里,当阿河口。架横空,长十余丈,高三丈,下无柱。

这座桥经过多次毁而重修,最后一次的修建是在光绪三十年(1904年)。它的结构有檐板遮护,但从桥下仍可看到木梁层层挑出,从两岸伸臂向河心相握。这也许就是握桥之名的来历。可惜由于握桥损坏严重,已于解放初被拆掉，在今天的兰州博物馆内存有一个该桥的模型，作为纪念。

握桥全貌

广西三江的程阳桥也是一座伸臂梁桥，它又名永济桥，建于1916年。郭沫若曾于1965年慕名前来参观此桥，并题诗云：

艳说林溪风雨桥，桥长廿丈四层高。
重瓴联阁怡神巧，列砥横流入望遥。
竹木一方坚胜铁，茶林万载抚新苗。

何时得上三江道，学把犁锄事体劳。

程阳桥桥长64.4米，共有4孔，每孔净跨14.2米。三座石墩用青石叠砌，台墩上架直径1.65尺左右圆形杉木为木排，每排七根，分上下三层叠合向两边外挑，形成伸臂木梁，然后在伸臂梁的上面再架设正梁。整套结构全用杉木凿榫衔接，不用一枚铁钉，大小木条斜穿直套，纵横交错非常有致，吻合得一丝不差。每个桥墩上建有楼亭，整座桥上共有廊阁65间，重檐叠嶂，既可保护桥身，又可供行人躲避风雨，歇脚纳凉，真可谓一举数得。

石梁桥

中小型的石梁或石板桥，构造方便，材料耐久，维修省力，是民间最为喜用的一种桥型，尤其是南宋后，在福建泉州地区兴起了一股石梁桥的建造热潮。洛阳桥和安平桥就是这些桥中的典型。

洛阳桥，又名万安桥，始建于宋皇祐五年（1053

年），完成于嘉祐四年（1059年），它位于泉州市东北与惠安县分界的洛阳江上，东临海湾，潮浪交汇，工程非常艰巨，桥基的建造就是一大问题，传统的打桩筑基法在洛阳江口强大的浪潮冲击下显然行不通。洛阳桥的建造工匠们创造了"筏形桥基"，也就是在江底沿着桥梁中线抛满大石块，并向两侧展开相当的宽度，成为一条横跨江底的矮石堤，作为桥墩的基础。洛阳桥的筏形桥基，宽度约达25米，长度有500余米，高度因河床各处深浅不一，难以估算。这一新型桥基的开创及其工程量的浩大，体现了当时建桥工匠的巨大魄力和惊人才智。

桥工的惊人才智还表现在加固桥基方面，他们采用了种蛎固基的生物学方法，巧妙地利用牡蛎的大量迅速繁殖生育与牡蛎外壳附着力强的特点，把原来比较松散的石堤胶结成牢固的整体。种蛎固基的过程一般需要两三年时间。这段时间里，一方面是牡蛎在石堤上大量繁生，同时使石堤经受浪潮的往复冲击撼动，无异于利用了自然的巨力把乱置的石块反复进行调整、安排，再加上添抛乱石的填平补缺工作，使整条石堤达到相当稳定、密实的程度。这是世界造桥史上别出心裁的"种蛎固基法"，也是世界上第一个把生物学应用于桥梁工程的先例。

洛阳桥刚建造时桥长三百六十丈，宽丈有五尺，分四十七桥孔，历时六年八个月，工程之浩大难以言喻。洛阳桥桥面立有五百根栏杆石柱，并有二十八只雕琢精致的石狮子作为装饰，据传说，这些数字代表了五百个桥工和二十八个技师。洛阳桥的修建对桥梁建筑有划时代的贡献，与著名的河北赵州桥齐名，有"北有赵州桥，南有洛阳桥"之称。

安平桥横跨福建晋江安海港的海湾，长约五里，故有"五里桥"之名。更有"天下无桥长此桥"的美誉。安平桥建造于南宋，桥基与洛阳桥相同，采用"筏形桥基"，桥墩有四方形、单边船形、双边船形三种，共有桥墩三百六十一个，桥面为石板梁。因桥分东、中、西三部分，桥上建有五个凉亭，两侧建有四座四方形石塔和一座圆形塔，桥头还有一座五层六角空心式塔。它是我国现存最长的一座古桥，还是世界最长的跨海湾的石梁桥。

除了伸臂木梁桥外，也有伸臂石梁桥，它与木梁桥的原理一样，只是建筑材料不同罢了。

特殊的梁桥：栈阁

栈阁既是道路又是桥梁，是古代山区险峻道路的特殊形式的总称，也简称为"栈阁"或"阁道"。栈阁有两种情况。一种是建于宫殿建筑之间的空中通道，因"阁上阁下皆有行路"，所以称为复道。比如西汉长安城中，长乐宫、未央宫、建章宫与桂宫、北宫等宫殿之间都有阁道相连。复道还是现代天桥的鼻祖。

另一种是建于悬崖峭壁之上的山区的桥道，唐代诗人李白曾有"蜀道之难难于上青天"的名句，然而蜀道虽难，总比没有"道"强上百倍，这"道"就是劳动人民所修的"栈道"。秦汉时，由于由关中越过秦岭至巴蜀的山道险峻无比，秦人修建了入蜀栈道，比如自关中通往汉中的子午道、傥骆道、褒斜道以及其西的故道（故道也叫陈仓道）。提起陈仓道，人们自然就会想起汉高祖刘邦用韩信之计，"明修栈道，暗渡陈仓"，大破三秦，这一几近家喻户晓的故事了。

栈道的构造比较简单，但因其建造在悬崖峭壁上，因此施工非常危险。它的构造方式为先沿石壁开出一到两米宽的石道，上面横铺木梁木板。或者在崖壁上横向凿孔（一般情况下口宽10厘米×20厘米、深50厘米），每个孔间距离为1.5米，插入粗木梁（间距约2米），并在下面加上斜撑。梁上再铺厚木板，为了安全，又于栈道一侧加固铁链或木栏。栈道的道路宽约五六米，可容

褒斜道一段栈道复原想象图

纳车马并行。栈道上部也可以建造屋盖。在栈道路面距谷底较近的情况，梁下斜撑改用直柱支承。这种措施对结构有利，但山洪过大时，也容易将支柱摧毁。石栈道还比较好，但木栈道怕火怕水，秦汉时所修的栈道，多数在东汉末年及三国时毁于战火。

（二）拱桥

拱桥因桥的形象而得名，它的主要承重构建的外形均是曲折的，所以古代称为曲桥。拱桥从拱券构造上看有折边拱（五边、七边等）和曲线拱（半圆、马蹄、椭圆、圆弧、抛物线），从材料上看有木拱桥、竹拱桥、石拱桥、砖拱桥等。拱桥在发展过程中逐渐由单孔到多孔联拱，著名的苏州宝带桥是一座53孔联拱半圆形石拱桥；1979年在徐州发现的景国桥，竟有104孔！

木拱桥

木拱桥是用没有经过多大改变的木料杆件系统组合而成的，叠梁拱桥是世界桥梁史上罕见的一种木拱桥，宋朝张择端绘制的名画《清明上河图》中描绘的汴水上的虹桥，便是最典型的一座。

这座拱桥跨径 25 米，净跨 20 米左右，拱矢约 5 米，桥塊和拱背培土垫层，减小了桥面坡度。虹桥的独特之处主要表现在两个方面：

（1）结构。虹桥的主拱结构简单明确，主要由纵骨和横骨组成，除两端拱脚各自架在桥台上外，都是通过构件的纵横相贯、交错搭置、相互承托、逐节伸展，达到

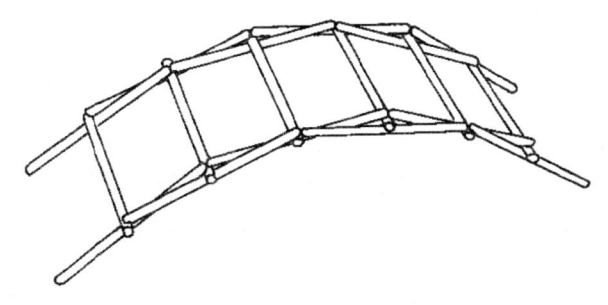

虹桥结构简图

结构的完整与稳定，这就是所谓的"虚架"，使桥下过船畅通无阻。

（2）不对称的建筑风格。由于汴河两岸的地势差异（南岸高而陡，北岸坦而宽）和虹桥交通位置的特殊性。所以架设虹桥时因地制宜，需要考虑得更多。工匠们架设桥拱时将北端的一段拱骨的三分之二长度埋于桥堍的垫土层的之下，本来的六节拱骨看起来只有五节，好像打破了中国建筑艺术传统的对称性，这种貌似不对称的建筑风格真可谓独具匠心。在武汉长江大桥汉阳桥头公园内建有一座仿虹桥，我国浙、闽两省的丽水、温州、南平、宁德几个地市至今还存在有这种结构的叠梁拱桥。

石拱桥

说到石拱桥，我们马上就会想起茅以升的名篇《中国石拱桥》，文章中他提到了两座石拱桥的代表——赵州桥和卢沟桥。

赵州桥也叫安济桥，横跨在河北省赵县城南 2.5 公里的洨河上，是由隋代李春父子设计建造的敞肩式石拱桥。这座桥体现了高度的技术水平，概括起来主要有以下几个特点：

（1）全桥只有一个大拱，长37.02米，在当时可以算是世界上最长的石拱。

（2）大拱的两肩上各有两个小拱，专业术语把这种称敞肩式拱桥，既可以减轻桥身重量、节约石料，又可以增加桥洞的过水量，同时拱上加拱，更加美观。

（3）石拱采用纵向并列砌圈法，大拱由28道拱圈拼成，每个拱圈都能独立支撑上面的重量，一道坏了，其他各道不会受到影响。

（4）石拱的外形是"扁弧"，而不是一般所见的半圆。

赵州桥的技术成就不是几句话可以说完的，其精妙之处连传说中的"仙迹"都蕴含着科学道理（传说此桥由鲁班建造而成，后来张果老等神仙来试桥，在桥上留下了"驴蹄印""车道沟""膝印"和"手印"等仙迹，解放后的桥梁工作者发现"驴蹄印""车道沟"和"膝印"是行车外缘的界限，桥下的"手印"是当大桥需要加固时最适宜的支撑位置），不得不令人大为感叹！赵州桥对历代石拱桥的建筑影响很大,之后许多石拱桥在建造时都仿照赵州桥,如河北赵县永通桥、山西晋城景德桥等。

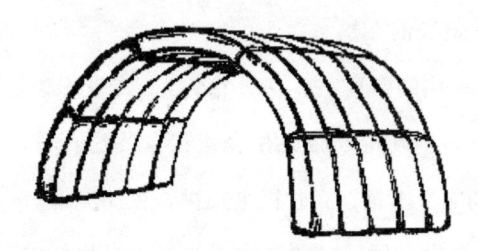

赵州桥拱圈示意图

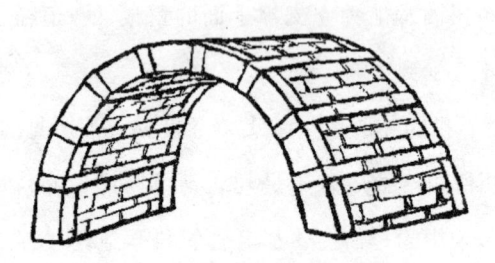

卢沟桥拱圈示意图

被马可·波罗誉为世界上独一无二的桥梁的卢沟桥,横跨于北京宛平城外的永定河上,是一座11孔的半圆形联拱石桥。全长266.5米。在桥梁工程技术上,卢沟桥有不少突出的特点。

首先，桥基使用"插架法"来建造。也就是在桥的基础下打桩，用以减少桥基的深陷。

其次，桥墩设计。桥墩的形状像一只船，迎水一面砌成三角形分水尖，每个桥墩的分水尖上安置了一根约26厘米边长的三角形铁柱，以其锐角迎击来自河面上的浮冰，保护桥墩，人们称三角形铁柱为"斩龙剑"。

再次，桥拱设计。卢沟桥有十一个拱圈，中心孔最大，两侧逐渐收小。拱圈采用纵联式砌筑。外侧有单独的券脸石一道，自成一道拱券。为了防止券脸石向外倾倒，在每个拱底有八道通贯的横条石与券脸石相交砌，把券脸石也连成一个整体了。

（三）索桥

索桥，也称吊桥、绳桥、悬索桥等，是用竹索或藤索、铁索等作为骨干相拼而悬吊起的大桥。一般索桥的做法是先在两岸建造桥屋，屋内分别设置系绳的立柱和绞绳的转柱，然后把若干根粗绳索平铺系紧，再在绳索上横铺木板，有的在两侧还加一至两根绳索作为扶栏。因为索桥一般都离河面很高，所以又称吊桥、悬索桥，古书上称为絙桥、笮桥、绳桥等。

在我国西南的怒江、澜沧江、金沙江（上游）、雅砻江、大渡河、乌江、北盘江等河流，大多是在高山深谷之间穿行，河水湍急，交通不便，在古代的科学技术水平下，根本没有办法在如此复杂恶劣的地理条件下架设浮桥、拱桥，所以这些地区的桥梁主要以藤、竹、铁链等制造的索桥为主。在西藏喜马拉雅山北的雅鲁藏布江，峡谷深邃，急流飞瀑，千百年来两岸往来就是靠各种索桥。

根据所采用不同质地的绳索及过渡和构造形式，可以将索桥分为竹索桥、铁索桥、藤索和溜索桥、城防吊桥，以及单索桥、双索桥、多索网状桥、并列多索桥等。

早在秦期，蜀守李冰（公元前256年—前251年），曾经仿天上北斗七星之数，在今天的四川成都造了七座桥，其中一座横跨城南面的检江，名为笮桥的，就是竹索桥。此桥在西汉王褒的《益州记》中有明确记载，距离司马相如的宅院仅百步之遥。这是我国有记载的最早的索桥。

铁索桥的出现比其它的要晚一些，最早的有确切记载的横江铁锁（即铁索），恐怕要数西晋伐吴（280年）时，吴国用来横截长江三峡以阻挡晋国舟师的铁索了。但是此处的铁索主要是用来封锁的，还不具备交通运输功能。被动的防守根本不可能阻挡西晋的大军，只留下了"王濬楼船下益州，金陵王气黯然收，千寻铁索沉江底，一片降帆出石头"的千古感叹。到了唐朝，云南丽江地区有座横跨金沙江的铁索桥，是当时南诏与吐蕃、唐朝来往的要道。因战略地位重要，唐朝曾在此设置铁桥节度。唐德宗贞元十年（794年），南诏筹划袭击吐蕃，派车寻联合唐将韦皋，以五千兵佯示寡弱，引诱数万吐蕃兵尾随。昼行夜走，寻得机会，用毁断丽江铁桥的计谋，溺死数以万计的蕃兵，俘获五个蕃王，取铁桥等十六城，虏得降众十余万人，从此吐蕃一蹶不振。

我国现存著名的索桥有建于明清时期的四川泸定铁

索桥、灌县竹索桥等。

四川泸定县的泸定桥是一座铁索悬桥，始建于清康熙四十四年（1705年），次年建成。桥东西长平净跨100米，宽约2.8米，桥面用9根铁索系于两岸，上面铺设木板，两侧各有2根铁索作为扶手护栏，共13根铁索。铁索是由扁环扣联而成的，13根铁索共有11571个扁环，几乎每个扁环上都刻有具体制作的工人的代号。桥两岸各有一座桥台，用条石砌成，桥台内有"落井"，井内有生铁铸成的铁桩8根，直径20厘米，竖立于井内，四面用灰浆块石胶固，护栏铁索系于铁桩上。铁桩后面有4米长的锚桩一根，直径2米，横卧贴紧，上面绕着过河的9根铁索。这样，全部的13根铁索就牢固地锚碇于两岸桥台上了。铁索每根重达2吨，如何架上铁索，成了架设索桥的关键性问题。据专家考证，架索过程是这样的：先用细绳拴上锤或箭，或甩或射到对岸，由细绳自对岸拉回一根较粗的麻绳，再用粗绳拉着套有圈环的篾索，悬挂于两岸，最后将铁索吊在圈环上，一端固定后，于对岸逐个拉动圈环，使铁索随篾索移动，架于两岸。

四川灌县的珠浦桥是清嘉庆年间（1896—1820年）重修的一座竹索桥，也叫安澜桥或夫妻桥。桥长340米，宽3米多，高近13米。珠浦桥的建造是把竹丝编成竹缆，有碗口粗，陆续接长，横跨岷江，其两端绕系在横卧大木碾上，转动木碾时拉紧竹缆，以免下垂过度。大木碾安置于木笼内，木笼位于两岸石岩中所凿的石室。10根竹缆作为底索，上铺桥板，2根为桥面压索，置于桥两侧压住桥面板，两旁各有较细竹缆6根，作为栏杆，共用竹索24根。由于桥底竹缆太长，立有9个木架和1个石墩，石墩上有绞索设备，上有桥亭，桥亭有两层：上层用木梁密排，装砌大石，作为压重，以承受竹索的单向拉力；下层中空，以便通行。

（四）浮桥

浮桥，又称舟桥、浮航、浮桁，是一种实用性很强的桥梁建筑，以施工快速、造价低廉、移动方便、开合随意等优点为古代军事战斗中所广泛使用，所以也称为战桥。浮桥的架设在很长时间里是这样的，用几十或几百只船艇，间隔一定距离，横排于河中，用船身做桥墩，上面铺设梁板作为桥面，岸与桥用跳板连接，以适应河水涨落。整座桥以棕、麻、铁、竹各种缆索相联结，并固定于两岸；需要时，另用铁锚或石锚将船固定于江底。历史上著名的浮桥有黄河上的蒲津浮桥、长江上的武汉三镇浮桥等。

浮桥从构造、形状上看，有曲浮桥（桥索两端稳定地系在两岸的桩柱上，具有固定的索长，受水流、风速等影响桥形随之变化。比如黄河上的蒲津、河阳浮桥）、直浮桥、潮汐浮桥、通航浮桥（可撤板开合，或使用高脚船）、组合浮桥、浮桥城等。

广东潮州镇东潮州古城的东门外韩江之上的广济桥是一座集多种构造于一身的特殊浮桥。因相传韩愈在贬寓潮州期间，"八仙"之一的韩湘子一直相随，故有湘子桥之称。

湘子桥始建于宋代，初为浮桥，名康济桥。其后，沿东西两岸向江心依次增筑石墩，江心水深流急，无法筑墩架梁，故用浮桥与东西两段桥梁连接，使湘子桥成为一座石墩石梁和浮桥的组合桥梁，梁桥分东西两段，东段12孔，长283米；西段7孔，长137米；中间用18只木船搭成的浮桥相连，浮桥可以开合。在桥上放置4只大铁牛，每只重4000斤，以维系浮桥。后来，由于年久失修，明朝宣德年间（1426—1435年），潮州知府王源发起并主持重修，于是更名为广济桥。其后，湘子桥又因毁坏而几次重修，在明正德间（1506—1521年）"易梁为石"，即把原有的木构件换成石构件。江心主河道所架设的是浮桥，势必影响河中的船运。为解决这一问题，特采取了早晚开启浮桥的措施。遇到大型船舶，或大木排通过，则将浮桥解开，过后再重新合拢。

湘子桥上有望楼，为我国桥梁史上所仅见。明代李龄撰有《广济桥赋》，描绘了当时桥上的景象：

　　五丈一楼，十丈一阁，华梲彤寮，雕榜金桷，曲栏斜槛，丹漆涂垩，鳞瓦参差，檐牙高啄。

楼角的铁马迎风叮当；楼台上有妙联："茶有滋味原无味，亭不画梅却有梅"；还有韩愈、鲁班和十八罗汉的塑像，列坐亭中……亭边有树，有摆卖的摊档，后来更有店户。从明清至抗日战争前夕，桥上仿似一条水上长街，人来货往，商店栉比；人们上亭台可赏江景，可品茗，入店铺可购物，可小吃。桥上市场一片热闹，叫卖唱评之声，盖过流水之声。人在桥上，仿如陆地，故当时有"到了湘桥问湘桥"的民谚。

现存湘子桥基本保持着原有的布局，但亭屋已经不存，中段浮桥也于1958年改为钢架桥。

（五）多功能桥梁

我国古人设计桥梁时，因地制宜地把其他技术应用到桥梁上，因此许多古桥除了具有交通功能外，还兼顾有其他的作用，可谓一桥多用。

桥与水闸相结合

例如浙江绍兴的三江闸桥，湖北江夏县的新桥，都是这方面的代表。

三江闸桥是著名的古代水利建筑三江闸一部分，位于绍兴北35里处的三江口上，桥全长108米，宽9.16米，其下是28孔的水闸，以应天上28星宿，故又名"应宿闸"。

三江闸的营造者为明代嘉靖年间绍兴知府汤绍恩。他到任后察看三江口地势，见彩凤山与龙背山两山对峙，不禁喜出望外，断定下面必有石根，派人下水甚察，果然有石脉横亘于两山之间，于是决定在两山之间的峡谷建立水闸。建闸后四百余年，绍兴人民深得其利，连年丰收。

湖北江夏的新桥则是在每个桥墩上凿两条深槽，大水泛滥时，在槽中插木板，中间填土，建起闸门，阻止洪水通过桥洞，使桥下游及附近诸湖、农田大受其利。

除了这两座桥外，《河南通志》在唐代城阙古迹篇中讲到：

> 洛水又东北流经惠训坊之西，分为漕渠，分流处置斗门，上有桥，桥上有屋，水势峻急，激湍百余步。

斗门上有桥，便是桥闸结合的形式。

桥与渠道相结合

这种桥也叫渡桥或水桥，比如始建于金代天德二年（1150年）的山西洪洞县宝庆西南的惠远桥，渠道砌在桥上；浙江黄岩石门头桥，桥渠的渡槽设在梁与梁之间，槽用板盖住，以便人畜过桥。真可谓是"桥上水，水上桥"！

桥上建造建筑物

我国的古桥尤其是木桥中的伸臂木桥，受风吹雨淋，容易腐烂毁坏，人们在桥上建造亭台楼阁，不仅可以防腐，还起到压重的作用，使桥基不那么容易冲垮。对行人来说，也可以休息纳凉，一些人还在桥上开店做生意，物尽其用。南方这种有桥屋的桥非常常见，也叫廊桥或风雨桥。比如广西三江程阳桥，湖南新宁江口桥，浙江武义熟溪桥等。

另外，在一些园林中，桥梁上建造的亭子，可以让游人休息时在亭内吟诗作对，又可以怡然观景！著名的有江苏扬州的五亭桥，北京颐和园的西堤桥，河北承德避暑山庄的水心榭。

还有在桥上建造殿或庙的，比如山西井陉的楼殿桥，福建永安建有戏台的永宁桥。更有甚者是建在桥上的长城，位于山海关东北二十公里的长城叫"九门口"，城墙建在九座拱桥上，跨越九江河。水城门也是在桥上有建筑物的一种，比如苏州盘门水门。

这里我们要着重谈一下廊桥。廊桥又称屋桥、风雨桥，是在桥面上盖建廊屋而形成的特殊桥梁，有木拱、平梁、石拱廊桥之分。

木拱廊桥不仅是中国传统木构桥梁中技术含量最高

的一种建筑形式，而且在世界桥梁史上也是绝无仅有的，如今在我国能保存下来的为数极少，被人们称为桥梁的活化石。

浙江泰顺县的木拱廊桥被当地人称为"蜈蚣桥"，实际上这种"蜈蚣桥"的结构就是木拱桥中的叠梁拱桥，和"虹桥"有相似的结构，也称为"蜈蚣结构"。"蜈蚣结构"有很好的受压性能，只要两端固定，桥就能很好地承受向下的荷载，由于结构的特殊，桥受到向上的反弹力，就很容易失稳遭受破坏，为此，"蜈蚣桥"都采用了廊桥这种形式，桥廊非但不是负担，反而增加了稳定性。每当山洪爆发时，当地居民将家中最重的物体或大石头搬到桥上来增加桥的稳定性。

平梁廊桥多是指具有桥屋的木伸臂梁桥，由于木质容易腐烂，木伸臂梁桥大部分都有桥屋，像广西程阳风雨桥、贵州地坪花桥、浙江武义熟溪桥都是木伸臂梁桥。

石拱廊桥，大多是园林中有亭子的石拱桥，为游人的休憩提供了很好的场所，广西桂林七星公园的桂林花桥桥身为石拱桥，拱和水中的倒影形成一个圆月，故有

"波光接月牙"的美誉。

纤道桥

纤道桥，是一种为便于拉纤而建造的与河流平行的带状长桥，可以说是纤道的一部分。纤道桥一般每隔百米设一跨或数跨高空，以便暂避风浪的舟船进入称为"避塘"的浅水域，所以纤道桥俗称百孔官塘，因桥长如长链，又称铁链桥。

纤道桥多见于绍兴附近的运河地区，比如阮社附近的纤道桥，建于清同治年间（1862—1874年），长380余米，有115个跨，桥面用3块条石拼成，底平接水面。

桥与水文测量相结合

例如江苏吴江的垂虹桥，就是这方面一个很好的典型。

垂虹桥在北宋庆历七年（1047年）年建造时是一座石墩木梁桥，初名利往桥，俗称长桥。元泰定二年（1325年）改建为石拱联桥，改名垂虹桥，中间三孔隆凸，以通大船。桥中设垂虹亭，亭是正方形歇山顶，前后设两道拱门。在垂虹亭下大桥墩左右墙上设有两块水测碑，长期记录太湖全流域洪水的变化情况。

桥与码头相结合

比如青岛栈桥是始建于清光绪十六年（1890年）的一座海中栈桥，它长400余米，宽10米，属于早期的海上码头。

叁 力与美中奏和弦

构建之妙

虽然早在几千年前人们会造桥时候起，就想把桥造得美些，但由于还没有系统地上升到理论高度，所以还不能把这些素朴的美学意识称作科学，况且美学这一名称是1750年德国哲学家鲍姆嘉通（Baumgartem）首先从哲学中提炼出来的。至于"桥梁美学"这一名词，还是在第二次世界大战之后逐步为桥梁界所接受的。1976年，西德桥梁专家莱翁哈特（Leonhardt）在第十次世界桥梁和结构会议上号召各国都在桥梁学会下开设桥梁美学分会，得到若干国家的响应。桥梁要造得美些，让人能从中发现桥梁的美学价值和景观功能，这是人们的呼声。

桥梁美学,用历史的观点来看,可以追溯到两千多年前的桥梁建筑艺术实践之中。本章择取几个主要的方面来欣赏一下无处不在的桥梁美学。

(一) 协调与对称

环境的协调

位于江西省抚州市南城县的万年桥,是江西最长的古代石拱桥,横跨盱江,背靠武冈山麓,造型单薄轻巧,具有南方古石拱桥特色。

该桥始建于明代崇祯七年(公元 1634 年),竣工于清朝顺治四年(公元 1647 年),为大麻条石拱桥,24 墩,23 孔,桥长 411 米,宽 6.3 米,高 10 米,每孔拱圈跨度 14 米。桥体采用条青石结构,拱圈顶采用纵联式垒砌。其桥志载:

> 用此筑法，不患其湿，而患其燥。土可养石，灰（石灰）可胶土，卵石以灰为骨，实为妙也。

盱江水深流急，河床水文地质十分复杂，当时工匠采取的施工方法是：第一步作堰，用竹片做竹笼，内填沙土围成第一道防水墙；第二步在围堰内清理墩基，用木料做笼架，内外两层，木板中间填沙土，形成第二道防水墙。将第二道堰内水抽干后，再在堰内做墩脚，出水面后搭架砌拱圈。桥墩前面分水尖仰而高，后墩较低，呈"金钢雁翅式"。

这座宏伟的古石桥与武冈山层层峰峦、山巅倒影、巍峨宝塔遥相呼应，山、水和桥有机地构成了一幅美丽的风景画，这样的场景在中国是比较多见的。就是因为我们的造桥先人，也有一定的审美意识，知道桥梁固定在一个地点，与附近的自然景物以及人工建筑物同处在人们的生活空间中，构成了整体景观，人们在过桥的同时也往往会希望桥梁和环境能够相协调适应，做到互相配合，融为一体。

所以建桥者在构思桥梁建造时，看到了当地的实地环境，采用了中国庭园艺术所强调的"借景"概念，在观赏的视野中，使占地有限的庭园包容下本来不从属于这一个体中的景物，南城万年桥就是这样，以高山、江水、宝塔为背景组成协调亮丽的风景画的。

主从与对称

在云南省红河哈尼族彝族自治州建水县城西面，有一座17孔大石拱桥，横亘于泸江河和塌冲河交汇处的河面上，因两河犹如双龙盘曲，故而将桥取名为"双龙桥"。清朝乾隆年间（1736—1795年）始建3孔，后因塌冲河改道至此，河床逐渐加宽，三孔小桥独居河中，不能横贯两岸，当地居民又于道光十九年（1839年）续建14孔，雁齿蝉联、合为一体，故该桥又称为"十七孔桥"。

双龙桥由数万块巨大青石砌成，全长148米，桥宽3至5米，宽敞平坦。桥上建有亭阁3座，造型别致。其中间大阁为三重檐方形主阁，高近29米，边长16米，层檐重叠，檐角交错。拾级登楼，可远眺万顷田畴，千家烟火。南端桥亭为重檐六角攒尖顶，檐角飞翘，玲珑秀丽。亭阁后于咸丰年间（1851—1861年）全部毁于战火。光绪二十四年（1898年）又重建三座飞檐式阁楼，比原建的更为气势恢宏。双龙桥是云南省石桥中规模最大的一座，它承袭我国连拱桥的传统风格，是我国古桥梁中的佳作。

双龙桥在建筑上颇具特色。整座桥是以中间的亭阁为中心，下跨一大孔，两边各有8个小孔对称分布，体现出桥梁美学中"主从与对称"的概念。建桥者在桥梁体型的安排上突出中心部位作为"主"，两侧部位起到衬托作用作为"从"，并以中轴线对称布置，从而使整个桥梁体型关系主次分明。再加上对称形象，匀称悦目，引起人们一种庄重、均衡和稳定的美感。

在我国古代，很多桥梁布设桥孔经常采用奇数的传统做法，这也符合河道的自然状态，一般河道中间为主流，水深湍急，所以要安排一个主孔，两边水流平缓，于是设边孔，同时在主孔上构思如何加大中轴线的支柱作用，形成稳定和谐美观的视觉效果。

（二） 韵律

记得一位文学家说过：音乐是流动着的建筑，建筑是凝固着的音乐。这说明建筑与音乐同样是采用节奏和韵律的适应配合，造成美学上的冲击和震撼的。但是，音乐是在时间上流动的音响，而建筑则是在空间中固定的物体。节奏和韵律是产生协调美的共同因素，所以我们在桥梁建筑艺术领域，也能看到这样的运用。在造桥者看来，运用韵律可以使桥梁构成为一个系统的整体。桥梁建筑常用的韵律手法有连续韵律和渐变韵律。另外，桥梁建筑间或运用起伏韵律和交错韵律，这些在音乐艺术中也是经常被使用到的，建筑与音乐的相通，由此可见一斑。

连续韵律

所谓桥梁建筑中的连续韵律，是指一种或几种组成部分的连续使用和重复出现的有组织排列所产生的韵律感。例如四川省南充市的白塔嘉陵江大桥，1975年落成，为多孔钢筋混凝土拱桥。工程师通过拱上的小腹拱组成韵律，贯连全桥。再配以岸上古塔，相互辉映，景色十分秀丽。

渐变韵律

渐变韵律是指某些组成部分如体积大小、高矮宽窄等形成有规律的增减，以造成统一和谐的韵律感。例如我国古代桥梁中的北京卢沟桥，桥跨永定河，始建于金世宗大定二十八年（公元1188年），完工于金章宗明昌三年（公元1192年）。桥全长212.2米，共11孔，桥孔跨径、矢高就是按照渐变韵律设计的。在11个桥孔中，跨进以中孔最大为13.28米，向两端逐孔递减；中孔矢高最大为3.86米，向两边逐孔递减。这些数据的变化量并不大，看上去似乎没有影响，其实却是美在其中，观赏者在不知不觉中感受到美。

元代来中国的意大利旅行家马可·波罗把卢沟桥称为"极美丽的石头桥"，"是世界上最好的，独一无二的桥"。他的这一评价并非溢美之辞。

起伏韵律

和渐变韵律一样,起伏韵律也是将某些组成部分作有规律的增减变化,不过和渐变韵律不同的是,它在体型处理中更加突出某一因素的变化,使体型组合或细部处理起伏生动。例如北京颐和园东堤上的十七孔桥,清代乾隆年间(1736—1795年)落成,桥的各孔跨径和桥

北京颐和园十七孔桥

下净空高度都是中孔最大,边孔渐小。不过,它的跨径渐变并不显眼,而桥下净空高度的变化则较为突出。

从图片中可以看出桥下净空高度明显变化的情况,最高的中孔大约是最旁边的边孔的两倍多,所以中部桥面隆起,形如弯月,使桥型生动、鲜明、富有活力,令人获得赏心悦目的视觉享受。

(三) 均衡与统一

均衡与稳定

均衡指形态上的协调,来表达出一种稳定感。对于桥梁建筑来说,它的体量造型有对称平衡与不对称平衡,静态平衡与动态平衡,这些都是体现均衡与稳定的。均衡表现出桥梁的坚固耐用,反映桥梁的基本功能,从而唤起人们的美感。均衡给予外观魅力,促成稳定感并且防止出现杂乱无章的现象,是桥梁能够得到完美布局的基础。许多采用"主从与对称"方式的桥梁,往往也体现出一种均衡、稳定的感觉。

如苏州的宝带桥，位于今江苏苏州东南葑门外六里的运河西侧澹台湖口。始建于唐代元和十一至十四年（816—819年），为苏州刺史王仲舒捐献宝带，募资兴建而成，故名"宝带桥"，桥共53孔，桥长317米，是中国最长的多孔古石拱桥。宝带桥是隋朝开凿的大运河南段（名江南河）边上的一座纤道桥，由于是纤道桥，就不宜用江南常见的驼峰隆起的石拱桥，因而建成跨径小的多孔、狭长和平坦的桥型。为使较大的船只通过，主航道上有三个大孔；其他的孔为了宣泄澹台湖的水流，桥墩做得狭窄，约厚60厘米。

宝带桥的体量造型属于堆成平衡，中间的大孔是中心所在，两侧各26个小孔，表现出较强的稳定感，同时在均衡中心（即对称的中轴线），还加以突出，以示强调。这个均衡中心上的突出和强调会引起观赏者一种满足和安定愉快的情绪，比如宝带桥，就在北端起的第27号桥墩由两个桥墩并立而成，上面还放置着"镇妖"石塔，除了茅以升先生考察桥梁力学作出"拱桥的建造者为了减少株连的孔数，将一个或若干个桥墩修筑得比其他各墩坚强得多，在某些孔因故倒坍时，这些墩能抵抗单向推力，对其他若干孔起保护作用"的结论外，毫无疑问也起到了强调均衡中心的作用。

统一

统一指处理局部与整体的关系，应使各个局部和谐一致地结合成整体，表现出浑然一体的形象。在桥梁设计中，各个局部的独立性和它的作用，要准确表达出来，这叫作功能方面的统一。同时，各局部的设计要体现整体的观念，以避免产生各个局部孤立、离散、自成体系的不协调现象。

桥梁建筑设计要做到统一，有两个主要手法：第一，适当处理次要部位对于主要部位的从属关系；第二，使构成一座建筑物所有部位中的细部形状都相互协调。

湖南省长沙市望城县的沩江桥，跨沩江两岸，1980年建成通车，是预应力混凝土连续梁桥，全长240米，桥宽（2×1.5＋7）米。上部结构为两联等高度连续梁，横剖面采用单箱双室，梁高 2.5 米。下部结构采用双柱式柔性墩，钻孔灌注桩基础；全部采用盆式橡胶活动支座。这座桥结构非常清晰，造型匀称工整，看上去刚劲有力，下部结构的墩柱造型简洁，和上部结构的梁桥搭配得当，和谐统一。梁式桥上部构造形象很简单，只是单调的连续长线条，如果设计师再在下方的墩柱上添加一些多余的或装饰性的构造，则下部结构从整体看就会显现出线条繁杂，从而引起上下部分的不统一感。而沩江桥恰好避免了这一败笔，做到了整体的协调美。

（四）比例与线条

比例与尺度

　　桥梁美学中的"比例"一般体现在两个方面：一是桥梁建筑整体或局部本身的长、宽、高之间的比例关系；二是桥梁建筑整体与局部或局部与局部之间的比例关系。此外，在实体与透空之间、封闭面与敞开面之间、阳光与阴影造成的明暗之间，也存在着比例关系。在三维空间中具有和谐的比例关系，是桥梁审美中必不可少的特性。

而所谓"尺度"，则是桥梁建筑整体或局部与人们所常见的某些建筑细部之间的关系。尺度是与比例密切相关的另一个建筑特性。尺度这一特性能让桥梁呈现出恰当的或预期的某种尺寸，这是一个独特的特性。一座桥梁建筑，它的各部分的比例尺度无不达到匀称、协调而能构成优美形象的，就如同我们的面貌一样，如果某些部位的尺度不当或比例失调，都是会影响它的整体形象的。

在桥梁建筑整体上，尽管对如何构成优美和谐的比例众说纷纭，但主要可归结为几何分析法和数学分析法两大类。

所谓几何分析法，是以具有确定比例的简单几何形（如圆形、方形、三角形等）作为基准，用来控制建筑整体，特别是外形轮廓及各局部控制点的设计构图，使其形成一定的由几何形状制约的关系，从而获得和谐美。如古希腊波斯顿神庙的正立面，天安门广场平面等。而数学分析法中公认的和谐数比关系是黄金比例，也称黄金分割，黄金矩形。即设小数为a，大数为b，则a：b=b：(a+b)，若设a+b=1，则b=0.618。黄金比被认为是视觉上"最完美"的分割，也反映了一种生理规律。人的正常体温是37摄氏度，因此人体舒适环境温度应为22至24摄氏度。中世纪意大利的费波纳西（约1170—1250）引导出一个整体级数1、2、3、5、8、13、21、34……，即后一数为前两数之和。该级数中任意连续两数之比趋近并收敛为黄金分割比例0.618，他认为天体距离之比，自然界生物形状尺寸之比，及构成优美音乐的音频之比等都是符合这种级数的。为了使这种级数简单明了，应用更为广泛，可将黄金分割比例就近似简化为3：5。中国桥梁中三孔桥，五孔桥等，其跨径布置所采用的比例也多与黄金分割比例吻合。例如河南洛阳的龙门桥，跨越伊河，处于龙门石窟游览点入口位置上，它的跨径布置为60米+90米+60米，这种和黄金分割比例相近的比例关系，确也收到了良好效果，给人以美观、稳定、庄重的感受。

连续与明暗搭配

连续主要指桥梁侧视时其水平线条呈直线或平滑的曲线，并由桥的一段连续地达到另一端。它可使人们得到一种连续流畅的美感，这就是桥梁所特有的美的法则。因为桥梁大多是一种狭窄而修长的条形建筑物，保证人们不间断地通过是其主要功能，和渡口比起来，它的优点就体现在连续上。所以，这种把功能体现出来的形象就成为桥梁美学的法则之一。连续感、流动感就是要表现出桥梁的生动形象美。生动形象使人们产生富有生机、充满活力的联想，因而使人得到美的享受。

明暗搭配就是当桥梁在光照之下，使桥梁的线条、阴影和色调等协调连续。当阴影线条和桥梁线条平行连续时，对桥梁的连续感将起到增强与渲染作用，所以它和连续是可以同时被欣赏到的。

位于云贵两省交界处、贵昆铁路上的天生桥，桥长526米，桥墩高50米，建造于天然的石灰岩溶洞上，下为可渡河。为减轻对地下的压力，采用了钢塔架桥墩，塔架采用两种孔数不同、长度不同的钢板长梁，最高塔架达42米。由于采用两种跨径，梁高不同，而且相差悬殊，外观上主梁分段出现有空缺处。从这座桥可以看出，主梁采用同一高度对于表现桥梁的连续感至关重要，这的确是一项不容忽视的审美原则。

力线明快

桥梁各部分的内部构造作用力的关系，通过桥梁自身的外形显示出来，会使人们得到一种稳定、明快和有力量的美感。其表现手法是使结构简单、力线明确并精简到最少限度。在力线明快问题上，技术与美观自然而然的融合为一体了。

力线明快表现力量感和上文所说的连续表现流动感一样，都是表现桥梁建筑的动态美。桥梁建筑的线条形象也要表现力量，更何况它本身就是力的体系。力的平衡和结构稳定又是桥梁负载功能的基本条件。同时，就它本身的可塑性而论又有十分有利的条件。因此，使力线明快成为桥梁审美的法则可以说是水到渠成的。

重庆北碚朝阳嘉陵江大桥就是这样的典型,桥总长233.2米,全桥共3孔,中间主孔为双链加劲梁式悬索桥,中心跨长186米,梁边孔为钢筋混凝土微弯板梁式桥,跨长各位21.6米。桥面宽8.5米,其中车行道宽7米。桥面采用了钢箱型梁与钢筋混凝土板相结合的组合箱梁。这是一项很有意义的技术革新,它避免使用并取代过去习用的体型杂乱的加劲桁梁,从而增强了悬索桥的力线明快感。像这样的悬索桥,具有明显的拉力、撑力或推力形象,它的住所就是受拉的力线,比较明显,当与宽阔的嘉陵江水配合得当时,力线明快感尤为鲜明。

(五) 色彩与风格

色彩

色彩是审美对象的视觉属性之一,是建筑的一种表现手段,所以不容忽视。在中国的桥梁设计中,目前色彩问题不算突出，原因是中国的公路桥梁中石桥、混凝土桥占大多数，而这两类桥的颜色都是接近天然的调和色彩。不但本身和谐，与环境也是相协调的。古往今来的石桥，大多数颜色能和自然景色融为一体。

桥梁常用的色彩是绿色、灰色、灰绿色，尤其是灰色，一向都有"完全的灰色"的叫法，这些都是调和的色彩。据说，英国伦敦泰晤士河上的一座桥，起初曾经油漆成黑色，结果桥上悲观厌世的自杀事件发生率高于其他桥梁，后来重新油漆成别的调和颜色，事故发生率就减少了一半，这就让我们明白了桥梁色彩的重要性。

陕西省延安市的延河桥，为一座三孔连续石拱桥，位于西安至太原公路干线上，每孔跨度为30米，全长115.52米，1957年始建，1959年竣工。这座桥跨度、桥高和各部比例和谐，上部结构富有韵律感，桥和宝塔山遥相辉映，使革命圣地更加庄严壮丽。从桥梁色彩来看，比较好地和延安当地的山水颜色融合在一起，使得三者能够协调映衬，没有很突兀的感觉。

风格

风格是设计构思所表现的具有特色或标明特征的建筑形态，它是一座桥梁建筑的各种因素的有机的总和，也是它的整体特点。这一整体特点表现出时代的、民族的、社会的文化思想，它往往成为观赏者审美的主要方面。桥梁的风格，就如人们的风度一样，有一种难以名状却又不难感觉到的独特内涵。

桥梁风格的历史性即带有传统建筑的风格，同时也有设计者主观方面所想表达的内容；桥梁风格的民族性决定于某一民族的社会物质生活条件和文化传统所产生的审美要求的特殊性，是在民族的漫长历史过程中形成的，因而具有较大的稳定性和持续性。

座落在甘肃省渭源县城清源河上的灞陵桥，始建于明代洪武元年（1368年），是一座古典纯木结构卧式悬臂拱桥，全长40米，跨度29.5米，高15.4米，宽4.8米，底部以并排10根粗壮圆木并列11组，从两岸桥墩逐次递级，飞挑凌空，宛名渭水长虹，又似天桥楼台，享有渭水第一桥的美誉。这种桥形称"卧桥"，两岸建有非常牢固的台座,并由此伸出多层木悬臂廊,这样就能够修建比一般梁式桥更大的跨径。桥面上建有长廊,用以保护木结构,使其经久耐用。这是一座具有民族风格的古式木桥,挺拔俊俏,色彩绚丽。近代和当代名人左宗棠、蒋介石、于右任、林森、杨虎城、何应钦、启功等人纷纷为此桥撰写了牌匾和对联。清代诗人杨景更有一首千古绝唱:

闻眺城边渭水流,长虹一道卧桥头。
源探鸟鼠关山月,窟隐蛟龙秦地秋。
远举斜阳光射雁,平沙击石浪惊鸥。
一帆风顺达千里,东走长安轻荡舟。

程阳永济桥位于广西自治区三江侗族自治县林溪乡程阳村的林溪河上,又名"程阳风雨桥",建于1916年,桥长76米,宽3.7米,木石结构,五个石砌的桥墩上铺设有木板。桥上建有遮雨的长廊,长廊两旁设有长凳,供行人避雨和休息。在五个桥墩上又建有五座极具侗族风格的楼亭，亭的屋面均为四层塔式重檐，上施有青瓦白檐。朝脊的一端都作弯月起翘状，好似金凤欲展翅翱翔一般。中亭六角形攒尖顶，如同宝塔，凝重浑厚。侧亭四角攒尖顶，形如宫殿，端庄富丽。楼亭顶上都安置有葫芦宝顶，楼阁廊檐上绘有许多精美的侗族图案，整个桥面的廊楼建筑造型美观，风韵别致，富有民族风格。

永济桥不仅在造型上富有民族特色，而且在结构上也颇具匠心。整座桥梁用木材凿榫相互接合，斜穿直套、纵横交错、结构复杂但丝毫不差，并且形式优美、雄伟壮观，是侗族高超的建筑艺术水平的体现。桥中央有一块大理石，石上镶嵌着1965年10月郭沫若参观时所题的一首诗：

艳说林溪风雨桥，桥长廿丈四寻高。
重瓴联阁怡神巧，列砥横流人望遥。
竹木一身坚胜铁，茶林万载苗新苗。
何时得上三江道，学把犁锄事体劳。

总之，桥梁建筑风格反映着桥梁的整体特点，它是欣赏者审美的主要方面，所以设计者要十分重视，现代世界桥梁的发展趋势，表现在风格上是简洁和纤细。结构的简洁、纤细和技术、艺术完善地融合一体，是现代桥梁美学设计的发展大势，也值得我们中国的桥梁设计者去把握，并且创造出更多富有美学价值的大桥。

肆

别具一格美如画

园林飞虹

园林艺术在我国传统文明宝库中一枝独秀，它通过对自然界美丽景物的模仿，满足人们对自然风光的无限向往，给人以美的享受。在园林建筑中，桥梁是十分重要的组成部分。它们遍布于园林中的湖泊、池塘、小河之上，既方便游人游览，更重要的是，又为园林添加了一道风景线。

在我国各地的园林中分布着各种桥梁，因为园林桥梁不是以交通功能而是以艺术和美观为主，所以这些桥梁种类更多，形式各异，千姿百态。不仅有石桥、木桥、拱桥、孔桥还有更多的廊桥，亭桥。这些桥梁不仅满足了游人的审美需求，而且其本身所具有的艺术性也成为我国古代艺术的重要遗产。

这些分布于园林中的桥梁与那些主要承担交通功能的桥梁不同。以交通功能为主的桥梁，首先考虑的是桥的实用、功能性，其次考虑的才是桥梁本身的艺术性；而园林中的桥梁则恰恰与之相反，艺术性在先，功能性却居其次了。

最典型的例子莫过于位于北京颐和园中的玉带桥了。玉带桥建于清乾隆年间（1736—1795年），距今已有二百多年的历史了。这座桥的整个桥身都是用洁白的玉石砌成的，拱圈为蛋尖型，桥拱高耸，高达十米，桥下可通行小火轮，桥面呈双向反弯曲线。两侧雕刻精美的栏板和望柱，也是洁白无暇。一眼望去，整座桥梁通体洁白，飞架于碧波粼粼的昆明湖上，犹如一串洁白的珍珠散落在碧玉盘上，显得是那么的轻柔雅致、端庄秀丽。整座桥梁具有极高的艺术性，被人誉为中国古代最美的石拱桥。但是如果从实用性角度来看，玉带桥的有些设计明显不合理，如高耸的桥面，极大的增加了行人上下的难度，而且也不利于负重车辆通行。可见园林中的桥梁与其他桥梁的最大区别就在于对艺术性与功能性侧重点的不同。对艺术美的追求是园林中的桥梁的目标，它不仅本身具有很高的艺术性，满足游人欣赏的眼光，还可以为整个园林增添一分灵韵，从而点活整个园林的山水景观。

除了艺术性之外，园林中的桥梁还具有分割园林空间的作用。在园林景观中，湖和河是不可或缺的部分，是展示水面景观的重要途径。园林中的湖和河同时也影响着整个园林的景观。如果园林中的湖面太小，就容易给游人以狭促之感；而如果湖面太大的话，又会使湖面景物显得比较单一，使得整个园林显得单调，缺少层次变化，桥梁则可以很好弥补这些不足。桥梁在划分水上空间上尤为有效，它既可以把水面划分为几部分，使人感觉水面比实际面积要大，同时还可以使人感觉到水面空间层次富于变化，景观的进深增加，对游人更具吸引力。我们经常可以在园林中的小河上看到一些曲折的桥，这些曲折形的平桥，不论三折、五折通称"九曲桥"。

"九曲桥"的建造显然不是为了交通便利,而是为了延长游览行程和时间,在曲折中,变换游览者的视线方向,做到步移景异。从而可以扩大园林的空间感,丰富了景观层次的变化。

(一) 颐和园中的桥

驰名中外的颐和园,是我国皇家园林中的代表,园中的桥梁更是造型独特,优雅别致。在园内的昆明湖上,分布着数座不同风格的桥梁。除了上面已经提及的最有名的玉带桥之外,在颐和园西堤上还有五座风格各异的桥。

其中的柳桥、练桥、镜桥都是亭桥。柳桥,得名于堤上的垂柳,堤上柳丝轻垂,桥栏掩映其中,如行画中;练桥,是形容桥下水流如漂白的布帛,古人称帛为练,故名练桥;镜桥,则是说桥拱与桥拱下的倒影合围起来,形同明镜。这三座桥是一座桥一个式样,桥与亭互不雷同，桥亭有八角、四角、长方。亭顶有攒尖、歇山、卷棚等式样。巧妙精湛，沁人心脾，使人流连，都是亭桥中的优秀作品。这三座桥再加上相邻的界湖桥和豳风桥二桥，以及前面介绍的玉带桥，皆是仿照杭州西湖的苏堤六桥而建的，所以人们统称为"苏堤六桥"。

除去昆明湖西堤的"苏堤六桥"外，在昆明湖东堤上还有一座著名的十七孔桥。该桥建于清朝乾隆年间，长150米，桥身之长，在园林桥梁中极为少见。整座桥共有17个桥洞，故名十七孔桥。这座桥既起到了将昆明湖巨大的水面分割，划分水上空间的作用，同时桥本身的型制，也体现了建造的精美。整个桥面隆起，型如新月，桥栏上雕镂着形态各异的石狮，个个栩栩如生，极为生动。整座桥梁是一座造型美观的联拱大石桥。桥的西端与四面环水的湖岛相连，岛上树木葱翠，又有月波楼、龙王庙等建筑掩映其中，这些富丽的建筑与十七孔桥相映媲美，成为昆明湖上重要的点景之作。

（二）苏州园林中的桥

网师园引静桥

在江南众多的私家园林中，不同类型的桥，不仅使水面空间层次多变，构成丰富的园林空间艺术布局，而且还起到了园林景点联系的明显作用。一些一步即过的石板小桥，常常是游览路线中不可少的构筑。在水面空间的层次变化中，常借用小桥来达到"收而为溪、放而为池"的水景处理手法，进而起到丰富水系的意境效果。

苏州网师园里的引静桥，可以说是苏州园林中最小的石拱桥。这座姿态苗条秀美的袖珍小桥，可称得上是网师园林园中的点睛之笔。

小巧玲珑的引静桥，座落在苏州十全街的网师园内。网师园，占地不足十亩，著名园林专家陈从周称它为"苏州园林之小园极则。"自古造园，须得天下自然风光，有山当有水。有水，则理水；理水，则造桥。园林造桥，常以梁式板桥为主。因石拱桥势较大，多见于水面开阔之处，与庭园不易协调，所以一般不采用。可引静桥不然，偏偏造成了一座微型的石拱桥，可谓独具一格。整座桥宽0.94米，长2.5米，跨度为1.3米，拱顶厚0.2米，石拱栏高0.2米。全桥可三步而逾，故俗称之为"三步小拱桥"，该桥虽然小巧，但石拱古桥所具有的特点一应俱全，真是"麻雀虽小，五脏皆备"。不能不说是园林中拱桥成功的典范。

苏州的许多园林，都以水池为中心，环池缀以亭台楼阁，花木山石。网师园也不例外。这座引静桥，便建于"小山丛桂轩"之侧，它与"渥缨水阁""射鸭廊"等皆涉水而筑。它们与低临的水池正好巧妙地组合成了一个特殊的天地。风姿绰约的引静桥，便成了这片天地中的"小家碧玉"。由于布局紧凑，引静桥小中见大，也使那一池春水更加开阔。由于水池的东南和西北隅各有一条曲折延伸的水湾，便又觉水池有波光延延、源头绵绵不尽之意。由此可见造园者匠心之独到。

然而，引静桥构思之佳尚不止于此。这座凌空横架于彩霞池与槃涧交界外的小桥，不仅隔成了园中水体的大小比照，而且它与西向而去，直至濯缨水阁的石面小径连成一线，使这一线南北更形成了山与水、动与静、明与暗等多种对比，恰如小桥两侧雕刻的十二枚太极图案所蕴涵的阴阳互生之义那样，使园景相互辉映，互增雅致，大大地丰富了园内这一角甚至网师园整个中部园区的构筑层次和审美深度。

拙政园小飞虹

拙政园里有石板桥、石拱桥等，其中的小飞虹的型制很特别，它是苏州园林中唯一的廊桥。取南北朝宋代鲍昭《白云》诗"飞虹眺秦河，泛雾弄轻弦"之意而命名。

小飞虹建在拙政园内江心寺后，披绿色琉璃瓦，朱红梁柱，翘角斗拱，下砌大理石坐凳，以一组紧连性的亭、桥、廊、榭构成。整座桥随形就势，明媚绮丽，朱红色桥栏倒映水中，水波粼粼，宛如飞虹挂空、老龙卧地，故名"小飞虹"。虹，是雨过天晴后横跨大地的一架绚丽的彩桥，古人以虹喻桥，用意绝妙。它不仅是连接水面和陆地的通道，而且构成了以桥为中心的独特景观。

小飞虹桥体为三跨石梁，微微拱起，呈八字形。桥面两侧设有万字护栏，三间八柱，覆盖廊屋，檐枋下饰以倒挂楣子，桥两端与曲廊相连，是一座精美的廊桥。横悬匾额"小飞虹"，是由著名书法家曾耕西老先生所书。

小飞虹筑于五百年前的明代，虽然拙政园几次易主，但是小飞虹均倍受呵护，一直横绝于沧浪池中，发挥着"横绝寒流引飞渡"的功用，西接东通，分割水面，丰富了水景，增加了河汉弯度，使整个园林亭台楼榭在错落有致的基础上锦上添花。小飞虹南临荷花湖，沿湖叠岩，寸石生情；四周花木，"一俯一仰、一倚一直"，株丛有方；夏放荷花，秋绽桂子，此谢彼开，四季飘香；风吹荷动、雨打芭蕉之韵律，动静相间，有色、有香、有声，是清幽邃静的园林境界。游人驻足小息，领略古雅幽情，如在画中游，又成画中景。可谓是"朱栏光烔摇碧落，落日倒影翻晴波"，因此名噪江南。

寒山寺枫桥

在园林或重要的风景点中，有些桥也因有著名诗人的咏词赞颂，而使园林或风景区留名千古，与园林风景相得益彰。如苏州寒山寺的枫桥，就是因为有了人所共知的唐代诗人张继写了著名的《枫桥夜泊》诗，而使得寒山寺园林名声更加名闻遐迩。传说张继去长安（今陕西西安）赴考，落第返回时，途经寒山寺，夜泊于枫桥附近的客船中，夜里难以成眠，听到寒山寺传来的钟声，满怀旅愁触景生情的写了下了《枫桥夜泊》诗：

月落乌啼霜满天，江枫渔火对愁眠。

姑苏城外寒山寺，夜半钟声到客船。

从此，诗韵钟声，脍炙人口。明代高启曾有诗云："画桥三百映江城，诗里枫桥独有名。"

枫桥风景名胜区是以寒山古寺、江枫古桥、铁铃古关、枫桥古镇和古运河"五古"为主要游览内容的省级风景名胜区。千年古刹寒山寺坐落于苏州西郊的枫桥古镇，始建于梁天监年间，枫桥在寒山寺北，距山门仅百步之遥，是一座横跨于古运河上的单孔石拱桥。这座桥以其优美古朴的造型、独特的地理位置在苏州众多的古桥中独树一帜。枫桥的始建年代已无法考证，现存枫桥重建于清朝同治六年（1867年），桥长39.6米，宽5.27米，跨度10米，其东堍与铁铃关相连，成为苏州城西的重要水陆军事要塞。

（三）杭州西湖中的桥

久负盛名的杭州西湖园林中的桥梁，更是美轮美奂，令人神醉。宽阔的西湖水面主要就是由苏堤六桥、白堤断桥、西泠桥等与长堤结合，而划分成层次多处的空间，否则西湖水面就会感到空旷单调而无变化。而桥的作用又可使水面空间隔而不断，桥上行人，桥下行船，丰富了西湖水面的变化。

"苏堤六桥"早已为人熟知。苏东坡早在开湖筑堤时就有"六桥横绝天汉上，北山始与南屏通"之句。民间歌谣也有"西湖景致六条桥，一株杨柳一株桃"的说法。

可见"苏堤六桥"在西湖园林景观中的重要性。苏堤上的"映波""锁澜""望山""压堤""东浦""跨虹"六座桥不仅仅起到"北山始与南屏通"的连接景观的作用。同时这六座桥,与苏堤之上的垂柳相映成趣,游人漫步堤上,垂柳轻拂,桥栏掩映于轻烟翠柳之中,令人流连忘返,故有"六桥烟雨"之称。日本僧人性海灵见游览西湖之后曾写诗赞道:

亭亭抽水清于碧,片片泛波轻似舟。
十里西湖风景好,六桥烟雨忆曾游。

同样是日本僧人的古剑妙快也有诗称赞西湖六桥:

十里湖山锦作堆,花红柳绿步瑶台。
六桥春水天开镜,不着人间半点埃。

在西湖的白堤东端,还有一座断桥。据说早在唐朝时期断桥就已建成。由于杭州地处江南,一年之中难得下雪，大雪过后，整个西湖银装素裹，湖面为白雪覆盖，变成雪湖，与湖面上的断桥相映成趣，与平常的江南青山绿水的美景颇有不同，别有一番情趣，因此断桥残雪早就被列入西湖十景之一，为人称颂。明人汪珂玉《西子湖拾翠余谈》有一段评说西湖胜景的妙语：

> 西湖之胜，晴湖不如雨湖，雨湖不如月湖，月湖不如雪湖……能真正领山水之绝者，尘世有几人哉！

明代诗人聂大年曾作西湖十景诗，其《断桥残雪》云：

> 醉里曾登白玉梯，东风吹暖又成泥。
> 玉腰蝀崠垂天阔，金脊楼台夹岸迷。
> 九井晴添新水活，两峰浓压宿云低。
> 冲寒为访梅花信，十里银沙印马蹄。

明画家李流芳《西湖卧游图题跋——断桥春望》中写道：

> 往时至湖上,从断桥一望,魂销欲死。还谓所知,湖之潋滟熹微,大约如晨光之着树,明月之入庐。盖山水映发,他处即有,澄波巨浸不及也。

可见在断桥之上不仅是观看残雪的好去处,其实断桥也是观看其他景观的绝佳地点。"断桥一望,魂销欲死",道出了断桥之美。

关于"断桥残雪"之名的来源,还有一种说法。明末的张岱在《西湖梦寻》中写道:白堤上沿堤植桃柳,"树皆合抱,行其下者,枝叶扶疏,漏下月光,碎如残雪。意向言'断桥残雪',或言月影也"。认为"断桥残雪"指的是断桥的夜晚,月光漏过柳枝,零碎如雪。

"断桥残雪"享誉四海,还与著名的民间传说《白蛇传》有很大关系,《白蛇传》中几段重要故事就发生在此:白娘子与许仙于此初识,后又同舟归城,借伞定情;后又在此邂逅,言归于好。越剧《白蛇传》中白娘子唱道:"西湖山水还依旧……看到断桥桥未断,我寸肠断,一片深情付东流!"闻后催人泪下。断桥因为与这段凄美的爱情故事相联系，因此更加有名。

今日断桥，是1921年重建的拱形独孔环洞石桥，长8.8米，宽8.6米，单孔净跨6.1米，保留了古朴淡雅的基本风貌。桥东塊有康熙御题景碑亭，亭侧建水榭，题额"云水光中"，青瓦朱栏，飞檐翘角，与桥、亭构成西湖东北隅一幅古典风格的画图。

（四）扬州瘦西湖中的桥

与杭州西湖齐名的扬州瘦西湖上，也有许多别具一格的桥梁。著名的五亭桥就位于瘦西湖内。

五亭桥被称为湖中桥梁之首，是我国园林桥梁中的杰出代表。此桥建于清乾隆三十二年（1757年），是一座古雅别致的拱形石桥。五亭桥旧称莲花桥，得名原因一说源于此桥建在湖中的莲花埂上，另一说是因为桥上五个亭子形似莲花而取名的，现在习称五亭桥。

五亭桥长十多丈，高二三丈，桥上有五个亭子，南北各有两个，亭亭相对，衬托着中间的重檐高亭。犹如众星拱月一般，这些亭子造型精巧玲珑。亭顶都是由金黄色的琉璃瓦镶嵌，檐背为翠绿色，使得整个亭子显得金碧辉煌，典雅瑰丽。这在国内现存的众多古桥中，也是很有特色的。《扬州揽胜录》中有对这座桥的描写：

> 上建五亭，下列四翼，桥洞正侧，凡十有五。三五之夕，皓魄当空，每洞各衔一月，计十五洞，共得十五月，金色滉漾，众月争辉，倒悬波心，不可捉摸。观此乃知西湖之三潭印月，不能专美于前。

由此可见五亭桥的美丽。

当然五亭桥美景的形成与周围的景观相陪衬也有密切系。五亭桥的对面是高耸入云的白塔，而桥东南的湖心，则有形似水鸟的凫庄，浮于湖面，三者互相掩映，相互衬托，使得亭桥风景更加迷人。游人至此，无不流连忘返，或在桥上或在桥下，或坐或跪或蹲或卧，摆着各种姿势，希望在这座古桥的美景中留下自己的身影。

瘦西湖中的五亭桥虽然美丽却并不孤独，在瘦西湖里还有很多令人神往的桥梁，其中位于趣园中的虹桥、长春桥和春波桥就与五亭桥一起组成了著名的瘦西湖二十四景之一的"四桥烟雨"。

趣园，原本是大盐商黄履暹的私人园林，建于清康熙年间（1662—1722年）。"趣园"之名，取陶渊明名文《归去来兮辞》中"园日涉以成趣，门虽设而常关"而来。据《扬州画舫录》载，此园主要建筑有锦镜阁、四照轩、金粟庵、涟漪阁、澄碧堂、光启堂、云锦淙等，园中楼台、厅堂、曲室都是度地而筑，丛桂、青竹、绿水环翠相连。登上景区的主楼，南有虹桥、北望长春桥、西为春波桥、再西可眺望五亭桥。这四座桥梁形态各异，别具匠心。每当朝烟暮霭之际，整个湖面烟水空濛，水汽缭绕，而四桥恰似美丽的彩虹出没其间，极尽烟雨缥缈之趣。所谓"四桥烟雨"，即由此而得名。

四桥烟雨景区的景致，很受乾隆皇帝赏识。乾隆六次南巡，曾分别于公元1757年、1765年、1780年、1784年四次赐诗，并于1762年御书赐名"趣园"。乾隆三十年（1765年）又赐御书"何曾日涉原成趣，恰值云开亦觉欣"联，并多次赐趣园主人御书。在北京园明园中的建筑也借鉴了扬州趣园的建筑艺术。

在瘦西湖的西北还有一个为大家熟知的名桥，就是二十四桥。二十四桥因为杜牧的一首"二十四桥明月夜，玉人何处教吹箫"而名动天下，历代文人墨客争相吟咏，关于二十四桥是扬州城内的一座桥的名字还是二十四座桥人们一直争论不休，而主张是一座桥名的人就认为二十四桥指的就是位于瘦西湖西北，平山堂西南的这座桥。这座桥原名吴家砖桥，又名红药桥。南宋词人姜夔也有"念桥边红药，年年知为谁生"之语。

（五）晋祠中的鱼沼飞梁

"晋祠流水如碧玉，百尺清潭写翠娥。"这是大诗人李白在观赏山西著名景点晋祠清泉时写下的诗句。晋祠在山西省太原市城外西南约十五公里处，始建于北魏，是为纪念周武王次子叔虞而建。这里殿宇、亭台、楼阁、桥树互相映衬，山环水绕，古木参天，文物荟萃，是一处风景十分优美的古建园林，被誉为山西的"小江南"，是一处少有的大型祠堂式古典园林，因而驰誉中外。

晋祠之内清泉汩汩，澄净碧绿，冬暖夏凉，泉源上座落着富丽堂皇的圣母殿，前人利用圣母殿前的泉水，筑了个鱼沼，古人以圆者为池，方者为沼，此方形池中多鱼，故名"鱼沼"。再于鱼沼之上建造一座十字形的桥梁，本着"架桥为虚，若飞也"、"飞梁石磴，陵跨水道"的说法。美其名为"鱼沼飞梁"。北魏郦道元的《水经注》中就有对晋祠中飞梁的描写：

> 沼西际山枕水，有唐叔虞祠。水侧有凉堂，结飞梁于水上，左右杂树交荫，希见曦景。至有淫朋密友羁游宦子，莫不寻梁契集用相娱慰，于晋川之中最为胜处。

可见"鱼沼飞梁"早在北魏时期就已经是山西胜景了。

这鱼沼飞梁的造型，在我国桥梁中极为罕见，是极其宝贵的古代桥梁建筑的实物遗例。我国著名建筑学家梁思成称：

> 此式石柱桥，在古画中偶见，实物则仅此孤例，洵属可贵。

鱼沼为矩形，东西向较短约 1.5 米，南北向较长约 18 米，集南、西、北三向及沼底的泉水，汇合为养鱼池，并由沼东墙开洞排出，以灌溉农田。沼上的桥梁，东西向为平坡正桥，长约 18 米，宽 6 米；南北向为翼桥，自较高的正桥桥身两侧，斜坡而下，伸向沼岸，各长约 6 米，宽 4 米。由正桥与翼桥形成的十字形交叉桥，全部由立于沼中的 34 根铁青石柱支撑，柱顶接有柏木斗拱，纵梁、横梁均与斗拱联接，上铺十字桥面。桥的边缘，设置有汉白玉石栏杆，东端桥头望柱上，北镌"鱼沼"，南刻"飞梁"。全桥结构、造型、构思都很巧妙，且便于游客上桥眺览。

从远处凝望，整个桥身极似振翅欲飞的大鸟。人站在桥中央，仿佛要凌空飞起，全身心有放松的自由感。这时若依栏俯视，可见清清的泉水从桥下缓缓流过，水中有鱼历历可数，追逐嬉戏，置身此间，仿佛又回到了庄子的时代，想庄子与水中游鱼自由交谈的情景，心中竟也有"游鱼解吾意"的快适感。"鱼沼飞梁"确是名副其实；周围的殿宇，古柏的倒影映入池中，随波荡漾，上下相映，别有洞天。每值冬季，沼中泉水热气蒸腾，白雾迷漫，人们置身桥上，好似已随桥飞入云端。

鱼沼飞梁，前接献殿，后连圣母殿，形成一组不可分割的整体，在一片开阔的视野内，十字形飞梁肃穆而立，下面也是晋水三泉源之一。上面是庄严肃穆的圣母殿巍然突起，再后面就是葱茏茂密的悬瓮山。古人将青山绿水的优美地势环境结合得天衣无缝，设计得无比精巧。环顾四周，无不感到处处可以入画，你不得不被中国古老的风水与环境艺术紧密结合的创造力所折服。难怪人们把鱼沼飞梁与圣母殿和献殿合称为晋祠三大国宝级建筑。

"鱼沼飞梁"最早筑于何时,未见记载,即使从《水经注》所记的北魏时期算起,至今已有一千五百多年的历史了。目前保留的桥梁构架,结构形制,是宋代风格,而圣母殿又是北宋时代的建筑,因此飞梁很可能也是同时代的遗物。飞梁南北桥面的东西两侧,原来也有石质卧狮一对,但现在只留下东北和东南端的两个。造型生动,均作与幼狮嬉戏状,与飞梁为同时遗物。千余年来,飞梁结构经受了大自然的严重腐蚀和风化,中华人民共和国成立后,党和人民政府非常重视,特按巨款,精心修缮,使飞梁焕然一新,更加美丽。

伍 文人墨客竞折腰

诗中赏桥

在我国广袤的山水之中遍布着无数的桥梁，这些桥梁不仅材质各异，有石桥、木桥、竹桥，而且各型各式，有拱桥、廊桥、索桥等等，千姿百态，它们不仅本身美轮美奂，而且与周围的青山绿水相映衬，融为一体。这些桥梁就像一道道七色的彩虹，点缀着祖国的青山秀水，既给人以美的享受，同时也为那些文人墨客提供了创作的灵感。我国古代文学的宝库中留下了许多与桥梁有关的优秀作品。这些作品形式多样，诗、词、歌、赋无所不包，内容丰富，或是生动传神地描绘桥梁本身的雄伟壮丽，或是翔实记述桥梁建造的过程，通过这些文学作品,我们能够清晰地了解这些桥梁所记录的历史记忆和它们过去的光辉岁月。

(一) 颇夸九州物,壮丽此无敌——以桥写景

《诗经·大雅·大明》中有"造舟为梁,不显其光"之句。诗中写周武王之母太姒来归之情,文王亲自迎亲于渭水,渭水无车,于是立即"造舟为梁",以通亲好,显示了文王对太姒女的真挚感情和遇事果断的魄力,因而极大地显示了文王的光辉。这可以说是我国诗歌中最早出现咏桥的名句。我国文人很早就将桥比作人间的彩虹,唐代诗人杜牧在《阿房宫赋》中有"长桥卧波,未云何龙?复道行空,不霁何虹?"的诗句。阿房宫地跨渭河,中建长桥于其上,就像一条长龙横卧在水波荡漾的渭河之上,复道是指连接阿房宫建筑物之间的廊道。这些廊道错综复杂,有的还悬于半空,就像一道道彩虹。

垂虹桥

在江苏吴江有一座垂虹桥,因为"环如半月,长若垂虹"故名垂虹桥。许多名家纷纷写诗赞美此桥之美。王安石《垂虹桥》诗云:

> 三江五湖口,地与天不隔,
> 日月所蔽亏,东西渺然白,
> 漫漫浸北斗,浩浩浮南极。
> 谁投此虹蜺,欲济两间陌。
> 中流杂蜃气,栏楯相承翼。
> 初疑神所为,灭没在顷刻。
> 晨兴坐其上,傲兀至中仄。
> 独怜造化功,不谓因人力。
> 今君持酒浆,谈笑顾宾客。
> 颇夸九州物,壮丽此无敌。
> 荧煌丹砂柱,璀璨黄金壁。
> 中家不虑始,助我皆豪殖。

喟予独不可,还当采民力。

诗中称此桥非人力所能为,九州之内没有比它更壮丽秀美的了。郑毅也有《垂虹桥》一首:

三百栏干锁画桥,行人波上踏琼瑶,
插天蟠蜓玉腰阔,跨海鲸鲵金背高。
路直凿开元气白,影寒压破大江豪。
此中自是银河接,不必仙槎八月涛。

后人将"插天蟠蜓玉腰阔,跨海鲸鲵金背高"一句与宋苏舜钦的"云头滟滟开金饼,水面沉沉卧彩虹";杨杰的"八十丈虹晴卧影,一千顷玉碧无瑕"合称吴江长桥三名联。

除了留下了优美的诗句,如此美景当然也为画家提供了极好的素材。宋朝著名书法家米芾途径吴江时,就留下了"垂虹秋色满江南"的墨迹。而明画家沈周所绘的《垂虹秋色图》和文嘉所作的《垂虹亭图》,更是将垂虹桥的景色描绘得美不胜收。

赵州桥

赵州桥是现存世界上最古老的石拱桥，它在河北省赵县的洨河上，根据唐张嘉贞《石桥铭》的记载，该桥是隋朝工匠李春主持修建。该桥位于由洛阳通往幽燕的咽喉要道上，是商旅驿使往来必经之路，地理位置十分重要，被称为"天下之雄胜"。

赵州桥不仅桥身异常坚固，历经千年而不坏，桥梁两侧的栏板和望柱雕刻精美，而且整座桥的造型也十分美观，与周围景物融为一体，历代文人墨客吟诵不绝。最有名的要属唐朝张嘉贞的《赵州大石桥铭》了，正是这篇作品使我们知道赵州桥的设计者和设计年代的，同时还详细描述了赵州桥当时的雄伟风采：

赵郡洨河石桥，隋匠李春之迹也。制造奇特，人不知其所以为。试观乎用石之妙，楞平砧斗，方版促郁，缄穹隆崇，豁然无楹，吁可怪也。又详乎义插骈坒，磨砻致密，甃百象一，仍斛灰墼，腰铁袴甋。两涯嵌四穴，盖以杀怒水之荡突，虽怀山而固护焉，非夫深智远虑，莫能创是。其栏槛华柱，锤斫龙兽之状，蟠绕挐踞，眭盱龠歓，若飞若动，又足畏乎？夫通济利涉，三才一致，故辰象昭回，天江临乎析木，鬼神幽助，海石到乎扶桑。亦有停杯渡河，羽毛填塞，引弓击水，鳞甲攒会者，徒闻于耳，不觌于目。目所觌者，工所难者，比于是者，莫之与京。

唐代柳涣亦撰有《赵州大石桥》，其铭曰：

于绎工妙，冲讯灵若。架海维河，浮鼋役鹊。伊制或微，并模盖略。析坚合异，超涯截壑。支堂勿动，观龙是跃。信梁而奇，在启为博。北走燕蓟，南驰温洛。騑騑壮辕，殷殷雷薄。携斧拖绣，骞骢视鹤。艺入侔天，财丰颂阁。斫轮见嗟，错石惟作。并固良球，人斯瞿耳聊。

赵州桥不仅本身形态优美，而且与周围景物相融合，形成一道美丽风景。清代祝万祉在《过仙桥》中写道："百尺长虹横水面，一弯新月出云霄。"而在此之前的元代刘百熙，也在《安济桥》一诗中，早已生动地写出了它的动态美："水从碧玉环中过，人在苍龙背上行。"

赵州桥栏板雕刻

此外，唐朝张彧也曾撰有一篇《赵州大石桥铭》，全文如下：

阏茂岁，我御史大夫李公晟，奉诏总禁戎三万，北定河朔。冬十月，师次赵郡，郡南石桥者，天下之雄胜，乃揆厥迹，度厥功，皆合于自然，包我造化。仆，散客也。状而铭曰：浚水伊何，诸州牙凑。秋霖夏潦，奔突延袤。杙材葴制，朴斫纷糅。斡地泉开，盘根玉凳。虹舒电拖，虎步云构。截险横包，乘流回透。块轧匠造，琳琅蔟簶。敞作洞门，呀为石窦。穷莫箅盈，琛纪方就。力将岸争，势与空斗。吞齐跨赵，儆夜防昼。月挂虚蟾，星罗伏兽。谓之钤键，撮我宇宙。谓之关梁，扼我戎寇。郡国襟带，河山领袖。经途者安，逸轨者覆。东南一尉，西北一候。万里书传，三边檄奏，邮亭控引，事物殷富。夕发蒯墉，朝趋禁罾。质含冰碧，文耀藻绣。花影全芳，苔痕半旧。天启大壮，神功罕究。勒铭巨桥，敢告豪右。

这段文字把赵州桥连接华北诸州，扼守要路的重要作用描绘的淋漓尽致。无独有偶，宋朝杜德源也有诗描绘赵州桥在交通方面的重要作用，称赵州桥是："坦平箭直千人过，驿使驰驱万国通。"

灞桥

灞桥是我国最古老的桥梁之一，在今陕西省西安市城东十二公里的灞水之上。灞水是渭水的重要支流，号称"关中八川"之一，而横跨灞水之上的"灞桥"，则是联系关中平原与关东地区的重要枢纽。在很早的时候，灞桥就是由长安通往潼关、蒲津关、蓝田关的交通要道，同时也是从中原进入古都长安的必经之路。

灞水原名滋水，春秋时期，秦穆公称霸西戎，遂改滋水为灞水，并修建桥梁，是名"灞桥"。该桥在公元22年，曾经因为水灾被毁，其时当政的王莽认为这不是一个好兆头，于是改灞桥为长存桥，意为此桥长久不毁，永存于世。但是由于灞水的水文条件较特殊，历史上屡遭损毁。清代道光十三年（1832年），陕西巡抚杨名飏征集了附近的官绅士民，桥匠民工重建灞桥，历时九个月完工。重建后的灞桥长近400米，共67跨，各跨长6

米左右，桥面宽约7米，是一座多跨式桩基础石制排架墩简支木梁桥。这次改建后的灞桥，经历了一百余年的各种冲击和考验，到解放后仍然屹立在灞河上。1957年，西安市的有关部门鉴于灞水河道淤积，桥下净空不足，不利排水行船，对灞桥进行了改建。利用了原来的桥墩，仅用钢筋混凝土把桥墩接高2.4米。桥梁上部的木梁改为钢筋水泥桥梁，桥面也拓为10米。现桥共有64孔，长389米。

对灞桥的赞美，历代不乏名人之作。唐代大诗人王昌龄曾撰有《灞桥赋》一文：

圣人以美利利天下，作舟车，禹乃开凿百川纤余。舟不可以无水，水不可以通奥，遂各丽于所得，非其安而不居。横浮梁于极浦，会有迹于通墟。借如经纶淮海，陶鼓仁义，藏用于密，动物以智。每因宜以制模，则永代而取寄，伊津梁之不设，信要荒之莫致。思未济于中流，视安危之如戏。故可取于古今，岂徒阅千乘与万骑。惟梁于灞，惟灞于源，当秦地之冲口，束东衢之走辕。拖偃蹇以横曳，若长虹之未翻。隘腾逐而水激，忽须臾而听繁。虽曰其繁，溃而不杂，怀璧拔剑，披离屯合。当游役之嗷嗷，自洪波之纳纳。客有居于东陵者，接行埃之余氛。薄暮垂钓，平明去耘，傍连古木，远带消濆。昏晓一望，还如阵云。乃临川而叹曰：亡周霸秦，举目遗址，前车覆轨，不变流水。叹往事之诚非，得兹桥之信美。皇风不兢，佳气常依。既东幸而清道，每西临以驻旗。连袂挟毂，烟阗雨飞。嗟呼！此桥且悦明盛。徒结网于川隅，视云雾之辉映。聊倚柱以叹息，敢书桥以承命。

专门赞美灞桥控扼交通要道以及桥周围秀美如画的风景。灞桥在当时还是人们游玩赏景的好去处。在一首《长安少年行》中有这样的描绘：

黄衫少年如玉笔，生长侯门人不识。
道逢豪客问姓名，袖把金鞭侧身揖。

卧驰行橐锦帕蒙，石榴压浆银作筒。

八月苍鹰一片雪，五花骄马四蹄风。

日暮新丰原上猎，三更歌舞灞桥东。

可见灞桥在当时就是豪门少年出门游玩娱乐之地。

不啻如此，灞桥也成为雪后赏景的绝佳地点，更是诗人们雪后酬唱进行创作的理想场所。古诗有云：

见梅思洛阳，何愁道路梗。

见雪忆灞桥，便可心思省。

可见在诗人眼里，雪与灞桥是紧密相连的。许多咏雪诗中都提到"灞桥风雪"。如范成大的《南塘冬夜倡和》：

燃萁烘暖夜窈幽，时有新诗趣倡酬。

为问灞桥风雪裹，何如田舍火炉头。

寒釭欲暗吟方苦，冻笔难驱字更遒。

绝笑儿痴生活淡，略无岁晚稻粱谋。

吕本中的《次蔡楠韵》：

> 交旧悠悠西复东，建昌南望水连空，
> 蔡侯念我有新句，犹似灞桥风雪中。

灞桥对诗人来说，不仅代表着雪后美景，还象征着诗歌创作。唐代诗人贾岛因为在一个风雪之夜，骑驴走过灞桥，边走边吟诵，推敲诗句，成为美谈，所谓"灞桥风雪寻诗处"便是指的此事。明代画家吴伟绘制的《灞桥风雪图》就是以贾岛的故事为素材而创作的。在宋人朱胜非的《绀珠集》中记载着这样一件趣事：有人问唐朝诗人郑綮，你近来可写出什么好的诗句吗？郑綮答道：好的诗句只有像贾岛在灞桥风雪那样的环境之中才能领悟得到。可见"灞桥风雪"已经成为创作好的作品的象征。元人欧阳玄有《灞桥风雪图》四首：

> 汉树秦云一色黄，新诗拍塞小奚囊。

蓝关尚有潮阳债,不识先生有底忙。

玉林琪树路漫漫,驴上凌兢两袖寒。

一段乾坤清意思,又驮老子出长关。

学士烹茶扫雪时,当时已被侍儿嗤。

灞桥驴背何为者,直要冲寒去觅诗。

驴上凌兢两手龟,南来客子为寻诗。

而今十倍泸沟冷,偏许清云热土知。

可见"灞桥风雪"在诗人眼中是进行诗歌创作的必须体验。"灞桥风雪"也成为了关中地区一个有名的风景,像"卢沟晓月"被称为"燕京八景"之一一样,"灞桥风雪"也是西安地区的"关中八景"之一。

洛阳桥

洛阳桥也是我国古代的著名桥梁,它位于今福建省晋江、惠安两县交界处洛阳江的入海口。

洛阳桥原名万安桥,建于北宋皇佑年间。当时泉州是海外贸易的重要港口,运输繁忙,需要修一座桥梁来方便交通。在这种江海交汇，水流湍急的地段修建桥梁十分不易。所以洛阳桥的修建也给福建其他地区提供了宝贵的经验，树立了一个榜样，在洛阳桥修建之后，福建地区兴起了修桥的热潮，先后造了几十座这样的大型石梁桥。

不仅如此，洛阳桥还与北宋大书法家蔡襄联系在了一起，有传说此桥就是蔡襄所造，桥上的碑文相传就是蔡襄所写（也有传说是其孙蔡橚所写），隽逸的书法与雄伟的桥梁相得益彰，因此也有人称此碑文当"与桥争胜"。碑文曰：

> 泉州万安渡石桥，始造于皇祐五年四月庚寅，以嘉祐四年十二月辛未讫功。累趾于渊，酾水为四十七道，梁空以行，其长三千六百尺，广丈有五尺，翼以扶栏，如其长之数而两之。靡金钱一千四百万，求诸施者。渡实支海，去舟而徙，易危为安，民莫不利。职其事者卢锡、王寔、许忠、浮图义波、宗善等十有五人。既成，太守蒲阳蔡襄为之合乐宴饮

而落之。明年秋,蒙诏还京,道由是出,因纪所作,勒于岸左。

整篇碑文简洁朴实,将洛阳桥当时的长度、结构、资金来源等重要信息,毫无遗漏地记录了下来。

洛阳桥因为长达3600尺,有47孔,飞架于宽阔的江面上,桥面宽达1丈5尺,气势宏伟,历来为人称颂。刘彦冲的《洛阳桥》云:

> 跨海飞梁叠石成,晓风千里渡瑶琼。
> 雄如建业虎城峙,势若常山蛇阵横。
> 脚底江涛时汹涌,望中烟屿晚分明。
> 往来利涉歌遗爱,谁复题桥继长卿。

诗文将洛阳桥的雄伟气势描写得非常生动。

洛阳桥石碑

除去那些有名的桥梁，我国古代满腹文采的诗人们，还留下了许多描写我国山川秀水上的那些不出名的山桥、江桥、石桥、索桥、花桥的绝美诗句。例如，梁简文帝就用"卧石藤为缆，山桥树作梁"形容山桥。唐代杜甫描写市桥，则有"市桥官柳细，江路野梅香"

之句。郑谷形容朱桥，则为"朱桥直抵金门路，粉堞高连玉垒云"。宋代欧阳修赞美斜桥，则云："波光柳色碧溟濛，曲渚斜桥画舸通。"范与求描写画桥，则曰："画桥依约垂杨处，映带残阳一抹红。"如此等等，不一而足。

（二）千古离别，灞桥风雪——以桥抒情

除了因为桥梁的美景引发的赞美之词以外，桥梁渡口还往往与别离联系在一起。因为亲人远去，情人分离的情景每每发生在桥边渡口。千百年来这些桥梁渡口不知见证了多少情人的离别，亲人的分散。驻立桥头，眼见亲人分离，难免心头有伤感之情，而这丝丝离愁，点点哀怨经过文人之手，又化作了一段段凄美的文字，一首首瑰丽的诗歌，为人们所传诵，更为这些桥梁增添了一份艺术的气息。

灞桥折柳

位于关中通往关东的交通要道上的西安灞桥，在汉代的《三辅黄图》中就记载：

> 灞桥在长安东，跨水作桥，汉人送客至此桥，折柳赠别。

柳与"留"谐音，折柳赠别，表达出对亲人、朋友的恋恋不舍。美丽的景色令人留恋，而杨柳低垂也使灞桥成为最有诗意的送别的桥。《开元遗事》中也记有"灞陵有桥，来迎去送，至此黯然，故人呼为销魂桥"。"灞桥折柳"也就成为了离别的代名词。

在我国古代，有关灞桥折柳的文学作品不胜枚举。

宋人柳永词中有"参差烟树灞陵桥，风物尽前朝，衰杨古柳，几经攀折，憔悴楚宫腰"之句。南宋大诗人陆游《秋夜怀吴中》则写道：

> 秋夜挑灯读楚辞，昔人句句不欺吾。

更堪临水登山处，正是浮家泛宅时。

巴酒不能消客恨，蜀巫空解报归期。

灞桥烟柳知何限，谁念行人寄一枝。

诗人希望用灞桥边的烟柳寄托自己对吴中的怀念之情。
魏野的《送赵侍郎移镇长安》又云：

千骑萧萧晓发时，雨先一夜洒长岐。

尽知暂去临鄠野，即看重来向凤池。

函谷乱花明剑佩，灞桥垂柳拂旌旗，

不同调鼎民皆乐，秦甸欢呼陕服悲。

宋李流谦的《送计祖仁洛县丞》：

青青杨柳灞桥斜，满酌清樽莫叹嗟。

可是因循成别绪，只应咫尺便天涯。

未论流水千竿竹，且看春风一县花。

渺渺故园情最苦，不知归梦属谁家。

该诗形象地表现了作者在杨柳青青的灞桥边，举杯送别友人的场景，抒发了从此别后便是相隔天涯海角，不知何时才能再相见的感慨。可以说"灞桥折柳"已经具有了一种象征意义，它代表着人们在送别朋友，亲人时那种依依不舍的思念。

枫桥夜泊

我国古代因诗扬名的桥梁，最著名的非苏州枫桥莫数。枫桥原名封桥，是苏州城外的一座小石拱桥，后因张继一首"月落乌啼霜满天，江枫渔火对愁眠。姑苏城外寒山寺，夜半钟声到客船"的《枫桥夜泊》诗而名扬天下，遂改为枫桥。明朝高启曾有"诗里枫桥独有名"之说。张继的这首《枫桥夜泊》创作于唐开元年间（公元742—756年），当时作者到此地游览，夜间愁绪难眠，静听桥边寒山寺的钟声，因而写下这首著名诗篇。诗句铿锵有力，写景绘声绘色。随着这首唐诗的传播，枫桥和寒山寺也因此名闻天下。从此历代文人吟咏不绝，大

诗人杜牧也有"长洲茂苑草萧萧,暮烟秋雨过枫桥"之句。宋朝孙觌有枫桥三绝:

> 白首重来一梦中,青山不改旧时容。
> 乌啼月落桥边寺,倚枕犹闻半夜钟。

> 翠木苍藤一两家,门依老栁抱溪斜。
> 古城流水参差是,不见吴都旧日花。

> 三年瘴海卧炎宵,梦隔青枫一水遥。
> 万里归来悲故物,铜駞埋没草齐腰。

南宋诗人范成大有《枫桥》一首:

> 朱门白壁枕湾流,桃李无言满屋头。
> 墙上浮图路傍堠,送人南北管离愁。

明代高启有《枫桥》云:

画桥三百映江城，诗里枫桥独有名。

几度经过忆张继，乌啼月落又钟声。

清朝时诗人王士禛夜里路过苏州，船停泊在枫桥边，他冒雨手持火把前去寒山寺，并在寺门前题诗二首而归。其中一首云：

日暮东塘正落潮，孤蓬泊处雨萧萧。

疏钟夜火寒山寺，记过吴枫第几桥？

灵汜祈福

灵汜桥在绍兴城五云门外，今废。是见之于史籍记载中绍兴最早的桥。相传建于越王句践时期，为越王勾践论功行赏之处。《水经·渐江水注》记载：

城东郭外有桥名灵汜，下水甚深。旧传下有地道，通于震泽。

嘉泰《会稽志》：

> 灵汜桥在县东二里，石桥二，相去各十步。

《舆地志》载：

> 山阴城东有桥名灵汜，吴越春秋句践领功于灵汜。

在绍兴市，以"灵"为桥名者有很多，大多是表示灵验、神灵，这是表达对桥的一种美好愿望的祝福和精神寄托。虽然灵汜桥已经不复存在，但是关于它的诗歌却保留了下来。元稹（779—813）字微之，曾为浙东观察使兼越州刺史。唐代著名诗人，与白居易交情很好。人称"元白"。他在《寄乐天》中写道：

> 天下风光数会稽，灵汜桥前百里镜，
> 安得故人生羽翼，飞来相伴醉如泥。

此诗写越州风光的优美,热情邀请白居易来越州销魂。既写出了越州的秀美,又表达了希望与老朋友相聚,饮酒作诗的愿望。唐代大诗人李绅(772—856),在大和七年(833年)为浙东观察使兼越州刺史,也写了一首《灵汜桥》。这是一首完整的咏桥诗,诗曰:

灵汜桥边多感伤,分明湖派绕回塘。
岸花前后闻幽鸟,湖月高低怨绿杨。
能促岁阴惟白发,巧乘风马是春光。
何须化鹤归华表,却数凋零忆越乡。

思乡情尽

河北丰润有一座思乡桥,《畿辅通志》载:

宋徽宗北辕过桥,驻马四顾,泫然曰,吾过此向大漠,安得似此水还乡矣……人乃谓思乡桥也。

宋徽宗果然最后客死他乡。难怪明葛一龙更有"桥上飞花桥下水,断肠人是过桥人"之语。

四川简阳有一座情尽桥,因为当地人送客一般都是送到此桥为止,所以就叫情尽桥。唐诗人雍陶有诗:

> 从来只有情难尽,何事名为情尽桥,
> 自此改名为折柳,任他离恨一条条。

(三) 二十四桥明月夜,玉人何处教吹箫——以桥怀古

因为桥梁大多位于交通要道,行人往来频繁,当国富民强,天下无事之时,桥梁的周边一带多是熙熙攘攘,繁荣热闹,一片盛世的景象。但是一到乱世之秋,经历兵祸战火之后,桥梁的周围则又常常是一派衰败凄凉的情景。而这种强烈的对比,往往会很引发文人墨客的怀

古追思之情。这从许多怀古文学作品中都有桥梁的描写中可以看出。

朱雀桥

在有关桥梁的怀古诗中,最有名的莫过于刘禹锡的《乌衣巷》了:

朱雀桥边野草花,乌衣巷口夕阳斜。
旧时王谢堂前燕,飞入寻常百姓家。

作为怀古诗的经典之作,千百年来一直为人传诵不衰。诗中以秦淮河畔的历史场景为描写对象。金陵自东吴以来,作为六朝古都,越来越繁华,而秦淮河一直是这一带的商业区和居住地,历代多有达官贵人住在秦淮河畔,如东晋著名士家大族"王与马共天下"的王家和指挥淝水之战名扬天下的谢家的宅第都在此处。诗中的"乌衣巷"便是在金陵城南,东吴时是乌衣营的驻地,故而得名。这里曾是东吴、东晋王、谢两大士族居住的地方。

可以说乌衣巷是"豪门""繁荣"的象征。而"朱雀桥"原是秦淮河上的一座浮桥，今已不复存在。诗中对桥的描写十分生活化，借以写尽了时代的兴衰。诗人通过对朱雀桥边的野草、野花和军营遗址乌衣巷口的一抹斜阳的生动描绘，勾勒出一幅荒凉冷落的图景；再用燕子古今居处对比的强烈，把读者引进一个"风物依旧，人面全非"的场景——六朝时代的繁华喧闹已经无处可寻，只剩寻常百姓家，从而勾起人们对六朝繁华的兴叹。

扬州二十四桥

在我国古代文学史上有一个关于桥的话题至今争论不休，没有定论，那就是扬州的二十四桥。扬州的二十四桥最早出名是因为杜牧的一首诗《寄扬州韩绰判官》：

> 青山隐隐水迢迢，秋尽江南草未凋。
> 二十四桥明月夜，玉人何处教吹箫。

这首诗表达了作者感慨扬州繁华不在，明月依旧，玉人无处可觅的感慨之情。关于这首诗中提到的二十四桥，是指扬州城内的二十四座桥呢，还是一座名为二十四桥的桥，历来争论不休。有的认为二十四桥指得是分布在扬州城内得二十四座桥，这些桥建于隋代，以城门坊市为名。直至宋朝沈括写《梦溪笔谈》时还考证这二十四座桥的名字，但是有些已经不在了。也有人认为二十四桥指得是一座桥，《重修扬州府志》就记载道：

此桥为隋炀帝月夜同宫女二十四人吹箫桥上因名。则所谓二十四桥，止一桥矣。

至于哪种说法正确，至今尚无定论。

到了宋朝时期，扬州因为战乱已经不复隋唐当年的繁华，一片凋敝的景象，著名词人姜夔路过扬州，见此情景，回想往昔盛况，怀古之情油然而起，遂作《扬州慢》词一首，词前小序写道：

淳熙丙申至日，余过维扬，夜雪初霁，荠麦弥望。入其城,则四顾萧条,寒水自碧,暮色渐起,戍角悲吟,予怀怆然,感慨今昔,因自度此曲。千岩老人以为有黍离之悲也。

词的正文是:

淮左名都,竹西佳处,解鞍少住初程。过春风十里,尽荠麦青青,自胡马窥江去后,废池乔木,犹厌言兵。渐黄昏,清角吹寒,都在空城。

杜郎俊赏,算而今,重到须惊。纵豆蔻词工,青楼梦好,难赋深情,二十四桥仍在,波心荡,冷月无声。念桥边红药,年年知为谁生?

该词的序言中说到作词的原因就是作者路过扬州看到此时刚刚经过兵燹洗礼的扬州城一片凄凉,联想到隋唐时期扬州作为淮左名都,繁华似锦,是达官贵人、文人墨客的娱乐之地,特别是唐朝诗人杜牧在扬州曾经有"十年一觉扬州梦,赢得青楼薄倖名"之语,今昔对比作者感慨万千,才有纵是杜牧重到扬州看到此番景象,也要吃惊的慨叹。看那二十四桥边上默默开放的红药,不知有谁还能有心思欣赏?

因为位于昔日繁华无限的扬州城,已经成为往昔辉煌的代表,所以二十四桥经常在文人们怀古凭吊的作品中出现,例如:

绿菱红莲画舸浮,使君那复忆扬州?
都将二十四桥月,换得西湖十顷秋。

又如:

廿四桥边廿四风,凭栏犹忆旧江东,
夕阳返照桃花坞,柳絮飞来片片红。

再如:

淮南二十四桥月,马上时时梦见之。

想得扬州醉少年,正围红袖写乌丝。

可以说,二十四桥在文人心中象征的是往昔的无限繁华,让他们为之魂牵梦绕。

(四) 古桥奇联山水间——以桥为联

对联,又称楹联,最早脱胎于汉魏时期的骈文,在随后的发展中又深受唐宋诗词的影响,到明清全盛时,已成为成熟而独立的格律文学形式。时至今日,楹联已成为我们民族文化中特有的国粹。桥联,即题在桥上的楹联。在我国古代的桥梁上保存了大量的桥联,这些桥联对仗工整、文辞优美、朗朗上口,大多极具文学性和艺术性。很多桥梁上的对联都是围绕桥的特点来撰写的,内容涉及桥梁所处地理位置、与之有关的历史人物、风物、掌故等。现在,在一些古石桥上还能看到不少桥联,而有些则散见于有关的书籍资料的记载中。有些留有作者的名字，有些则是无人知晓。古桥对联一般都用整块条石刻成，镶嵌在桥的两侧，无论是在桥上走过，还是在桥下乘船穿过，人们都能看得到。这些对联起到了很好的文化装饰作用，提高了桥的艺术品位和历史价值。

前面提到的著名的西安灞桥位于西安东郊，横跨灞水之上，是古长安通向东方的要津。文人骚客过往灞桥，经常提笔留文，也就留下了很多典故。灞桥也就保存了很多名联，其中有一联是：

> 诗思向谁寻，风雪一天驴背上；
> 客魂销欲尽，云山万里马蹄前。

该联上联（这里的思应该读去声）写：写诗的情思灵感要到哪里去寻找呢？作者就借用贾岛在一个风雪之夜，骑驴走过灞桥边走边吟诵推敲诗句的典故来回答。下联形象的描写了客人在有"销魂桥"之称的灞桥离别，伤心离别，前途茫茫，乘马前行的景象。正所谓"千古离别，灞桥风雪"。这副对联把灞桥最有名的两个典故结合起来，相互对应，真可谓是匠心独具。

赵州桥，构思精巧，造型稳重，是世界桥梁史上的杰作。有桥联云：

水从碧玉环中出；
人在苍龙背上行。

上联写大桥的桥拱与水中倒影构成了一个大的圆环，洨河水从环中静静流过。下联将桥背比作苍龙，行人走在桥上就仿佛在苍龙的背上行走一样。上下联一个写桥下景观，一个写桥上景观，相互对应，十分形象。

扬州的二十四桥，是一桥之名，还是众桥之数？说者不一。不过在沈括《梦溪笔谈·补笔谈》中对他所认为的二十四桥之名大体进行了胪列：

所可记者有二十四桥：最西浊河"茶园桥"，次"东大明桥"，入西水门有"九曲桥"，次东正当帅牙南门有"下马桥"，又东"作坊桥"，桥东河转向南有"洗马桥",次"南桥",又南"阿师桥"、"周家桥"、"小市桥"、"广济桥"、"新桥"、"开明桥"、"顾家桥"、"太平桥"、"利园桥",出南水门有"万岁桥"、"青园桥"、"白驿桥",北河流东出有"参佐桥",次东水门出有"山光桥"。又自衙门下马桥直南有南北三桥、中三桥、南三桥,号九桥,不通船,不在二十四桥之数。

虽然沈括所记,除九桥之外,也只二十桥名。但后代便出现了以扬州桥名为联者:

得胜辕门卸甲;
太平沙河洗马。

这副对联巧妙的用扬州的六座桥梁的名字组成。而且在意思上十分通顺。形象的表达了军人得胜归来,在辕门外脱去戎装,天下太平,饮马河边的景象。其中"太平""洗马",便是取自上述二十桥之名中的。

金鳌玉𫍯桥，位于北京市北海公园之南，团城之西南角。原名金海桥，又称御河桥，横跨北海、中海水面。桥的东西，有元世宗所建牌坊各一座，西名"金鳌"，东名"玉𫍯"。桥为白石砌七孔拱券式，外观为九孔，中心孔券面有浮雕兽头。整个桥身如一条玉带，洁白无瑕。解放后扩建加宽，更为壮观。

南向题有"银潢作峤"四字，有联曰：

玉宇琼楼天上下；
方壶员峤水中央。

北向题有"紫海回澜"四字，有联曰：

绣縠纹开环月珥；
锦澜漪皱焕霞标。

江苏宜兴城中心的蛟桥是一座有着一千八百多年历史的江南名桥，原称长桥，因为西晋时邑人周处（后被追赠平西将军)在此斩蛟而更名为蛟桥,曾经引来无数文人墨客为之题咏。蛟桥历经沧桑,屡圮屡建,横跨长桥河上,又称"长桥",清光绪十九年(1893年)重建蛟桥时原有对联两副,朝东一侧云:

平步青云、对南郭铜峰、千秋巩固;
重看明月、印东流氿水、万派朝宗。

上联写缓步登上蛟桥,有如同平步青云,遥望城南的铜峰山,希望蛟桥能像铜峰山一样坚固,历经千秋万载。下联"重看明月",抬头赏天上明月当空,俯首看水中月明近身,是为"重看"。荆溪十景中就有"蛟桥夜月"一景,与从桥下流过的滔滔氿水相呼应,氿水流向太湖,万派朝宗。对联写出了蛟桥与宜兴山水的关系,有山有水,气象万千。

朝西一侧对联:

清风徐风、水波不兴、墨妙尚留苏学士;

行人安稳、布帆无恙、神威犹仰晋将军。

该对联上下联分别包含了与宜兴有关系的两个历史人物的典故。上联用了苏东坡为宜兴蛟桥两次题词的典故。宋代元丰年间（1078—1085年），宜兴县令褚理重建长桥，并改建为石桥。苏东坡曾经在宜兴置田买产，与宜兴有不解之缘。在县令的邀请下，苏学士曾经两次为长桥题词："晋征西将军周孝公斩蛟之桥""晋平西将军斩蛟之桥"，所以有"墨妙"之说。周处是"阳羡第一人物"，古代著名的改过自新的英雄，发愤学习，疆场报国，终成忠臣孝子。这是用周处斩蛟，为民除害，庇佑百姓的典故，希望周将军在桥造好后继续庇佑宜兴百姓。周处和苏轼都是历史上的伟大人物，并且与宜兴蛟桥有很深的渊源。这是以与蛟桥有关的人物和事迹入联，脍炙人口。1970年长桥改建为平桥，蛟桥对联刻石拆下后存于周王庙文物保护所，可惜只有三块了。

鲸塘桥，位于宜兴市鲸塘镇老街西端，横跨张渚至钟溪运河之上。鲸塘桥始建于明嘉靖三十年（1551年）。

桥为三孔石拱桥，桥面及拱石以花岗石为主，间有少量阳山石，桥长52米，中间宽4.6米，埫宽4.83米，护栏高0.53米。鲸塘桥在经历过康熙、乾隆和光绪年间的几次修缮后，如今依旧岿然不动，承载着往来于鲸溪两岸的各色行人。现存的鲸塘桥对联有两副很是经典。

其一：

荷叶地钟灵、料有才人题柱去；
鲸溪波效顺、应逢仙客泛槎回。

这副对联首先赞美鲸塘桥这地方人杰地灵。用了汉代才子司马相如在成都升仙桥题字的典故。当年司马相如进长安，立下豪言壮语，"不乘赤车驷马，不过汝下也"。后来，司马相如果真是衣锦还乡。鲸塘桥迎往送来，也是表达了一种希望。

其二：

左墨岭、右烟峰、积翠千寻排对岸；

南桃溪、北濑水、长虹一道跨中流。

墨岭、烟峰,桃溪、濑水,由远而近,都是当地景色。上联写山,墨岭、烟峰,山势起伏、锦翠叠嶂排在两岸;下联写水,桃溪、濑水南北相对,中间"长虹一道"飞跨其上,可谓诗中有画。将鲸塘桥附近的地理位置描写的一清二楚。

宜兴汤渡画溪桥对联也写得很好。

其一:

二百年磐石重新,星缠析木;
数十里槛泉正出,迹固包桑。

上联写二年来重建画溪桥。"星缠析木",照字面解释是星宿的序次、位置。"析木"是星宿名。下联写泉水奔涌,画溪桥根基牢固。

其二:

一幅画图开浪罨花光波涵月影；

群峰灵秀锁舆通柳浦船放荆溪。

宜兴有"画溪花浪"，为荆溪十景之一。对联也是写景抒情。

清同治、光绪年间（1862—1908年），在宜兴陶都丁蜀镇重修"蜀山大桥"。今之陶都丁蜀镇，是昔日相距三里的丁山、蜀山两镇，中华人民共和国成立后陶业大盛连结而成，故名丁蜀镇。邑人吏部右侍郎周家楣撰写桥联，分置桥的两侧。

南侧一联云：

室歗溯来源，两岸静涵荆水绿；

浙吴通要道，一弓长抱蜀山青。

在写景的同时，也写出了蜀山大桥地理位置的重要。

北侧一联云：

不霁何虹，天远娲皇来补石；

此山似蜀，人思坡老为题桥。

此联上联以设问句开头：不是雨后，哪来的"彩虹"？原来是蜀山大桥建造起来了！是女娲补天的石头，补到蜀山大桥上来了。看来这蜀山人也够气派的，要用女娲的石头造桥。下联则道出了蜀山名称的由来：蜀山原来叫独山，苏东坡过此，思念家乡，认为这山与他四川老家的山相像，于是这山后来就叫蜀山了。此联所用典故，贴切自然。

江苏吴江同里镇，位于太湖之西，地势较低，港汊分流，是个被湖塘江河层层包围的古镇，是典型的江南水乡，所以石拱小桥特多。户户多有小码头，小船穿梭其间，游人纵横衢道。镇内原有四五十座石桥，现今还剩二十余座，这些桥，都是与居民同时发展起来的，少数建于宋元，多数建于明清，桥孔两侧还有石刻对联，如镇西的"渡船桥"北面一联云：

一线晴光通越水；

半帆寒影带吴云。

南面一联云：

春入船唇流水绿；

人归渡口夕阳红。

两幅对联诗意盎然，引人入胜，极尽水乡景色之美。另有一座"东溪桥"，桥上嵌刻着一副阳文对联，说明同里的文风很好，科举极盛，人才辈出：

一泓月色含规影；

两岸书声接榜歌。

在福建泉州市东，与惠安分界的洛阳江上的洛阳桥（也叫"万安桥"）的中亭附近，有历代碑刻、宋代"万古安澜"等摩崖石刻。另有石塔、武士等石雕。桥南有

"蔡襄祠"，著名的蔡襄《万安桥记》宋碑，即在祠内。当年建桥工程非常艰巨，曾首创"筏型基础"的桥墩，养殖牡蛎，以固桥基，是我国古代建桥史上的重要创新。古人有联赞云：

潮来直涌千寻雪；
日落斜横百丈虹。
两翼石碑扶海出；
三秋水月渡空行。

号称"天下第一长桥"的"安平桥"（又名"五里桥"）位于福建晋江市安海镇，工程浩大，闻名中外。桥上筑有"水心亭""中亭""宫亭""雨亭""桥亭"，桥有护栏、石将军、石狮子、蟾蜍等雕刻。两侧水中筑有对称石塔四座，桥的入口处，有圆形白塔一座，高22米，为五层六角。此桥宗教色彩浓郁，巧夺天工，雄伟壮观。临桥远眺，水天一色，情景景交融。中亭上有联云：

世间有佛宗斯佛；

天下无桥长此桥

广东大埔，有座年代久远的石拱桥，造型雄伟，极为壮观，名"高陂桥"，四周景色也幽静清雅。从桥侧向前眺望，桥上行人走在青云作背景的路上；再透过半圆形桥洞往外看，农家村舍，如掩映在水波荡漾的嫦娥宫阙之中，形象十分美妙。有题联云：

一道飞虹，人在青云路上；

半轮明月，家藏丹桂宫中。

黄河是世界著名大河之一，水流湍急，汹涌澎湃，惊险万分，架桥十分困难，所以有"天下黄河不架桥"（不能架桥）的谚语。数千年来依靠皮筏、木船横渡两岸。明朝建立后，大将徐达坚决要把桥架上黄河。洪武年间（1368—1398年），首先在兰州城北通济门外的黄河两岸，打下四根大铁柱，用一百十六丈的六根粗铁链连续两岸,河中并列大木船二十四艘,两端牢牢系在铁链上,船上铺设木板、栏杆,这就是历史上第一次在咆哮奔腾、惊险万端的黄河上建起的第一座大浮桥,名曰"镇远桥"。每年隆冬,黄河自成冰河,必须先将木船拆除。数百年间,因袭不废。福建梁章钜题桥联云:

天险化康衢,直如海市楼中,现不住法;
河堧开画本,安得云梯关外,作如是观。

云梯关为黄河入海之要区,有河神庙,有人题联云:

曾经沧海千层浪;
又上黄河一道桥。

此外,还有些桥虽然不大,但对联很有气势。如官林老桥桥联:

肇迹溯东吴,千秋巩固;

安澜通北渭，百渎迴环。

湛渎桥联：

巨浪贯长江，东通百渎；
高樯驰画鹢，西接三江。

这些对联都让人玩味不尽。

上面所述只是我国各地桥梁对联中的一小部分，还有很多颇富特色的桥梁对联没有提到，以下再胪列一些各地的有名的桥联，做为本节内容的结尾：

杭州西泠桥：

到处溪山如旧识；
此间风物属诗人。

杭州半山桥：

重泛仙槎向何处；

偶得红叶到人间。

奉化广渡桥：

惜劳人兮草草，劝君少住；

望前路之漫漫，不我久留。

颐和园玉带桥：

地到瀛洲，星河天上近；

景分蓬岛，宫阙水边明。

扬州五亭桥：

奇石尽含千古秀；

春光欲上万年枝。

宜兴东乡下裴桥

其一：

数点圮虞峰隔离半里；

一溪烟雨水静锁孤桥。

其二：

百渎安澜舆梁成岁暮；

双虹落彩图画出天工。

渡船桥南侧联：

一线桥光通越水；

半帆寒影带吴歌；

北侧联：

春入船唇流水绿；

人归渡口夕阳红。

东溪桥：

一泓月色含规影；

两岸书声接榜歌。

苏州古丰乐桥：

水连天长，万古川源连泰渎；

年老人乐，四时风景胜滁阳。

浙江新安白沙桥：

姿若虹霓，为湖山争秀色；

固如磐石，与水月竞久长。

泸定桥：

上下影摇波底月；
往来人渡镜中梯。

峨眉双飞桥：

双飞两虹影；
万古一牛心。

贵州贵阳城北关外头桥：

说一声去也，送别河头，叹万里长驱，过桥便入天涯路；
盼今日归哉，迎来道左，喜故人见面，把手还疑梦里身。

(陆)

苍龙负空连胜负

桥上战事

桥梁大多位于河流的水流平缓地段，连接两岸交通。因此很多桥梁都是陆路交通的交汇处。这就使得这些桥梁不仅成为连接交通的中枢，同时也具有很重要的军事意义，因此在中国古代常常把桥梁与关隘并称"关梁"。在一些战役中，对一座桥的争夺，往往成为决定最终胜负的关键，这在我国古代的战争史上不乏其例。而一些桥梁正是由于与一些重大战役联系在一起而为人们所熟知，例如长江上的荆门浮桥，大渡河上的泸定桥，永定河上的卢沟桥等。

（一）东汉时期的江关浮桥

古语有云："天下未乱蜀先乱，天下已治蜀未治。"这种情况的出现与四川盆地独特的地理位置有很大关系。四川盆地由于控扼长江上游，并且四周有高山峻岭使其与关中等其它地区隔绝，从而形成一个独立的地理单元。而且盆地内部土地肥沃，经济发达，因此四川盆地经常形成地方割据政权，如东汉初期的公孙述，三国时期的刘备，十六国时期的李特，五代十国时期的前后蜀，明末的张献忠等。这些地方政权依靠四川盆地的有利地理条件，进可顺长江而下，退可踞险自守。要想打败这些地方政权，实现统一就必须要跨过这些天险，因此很多著名的与桥有关的战役就发生在这里。

公元 25 年刘秀称帝，东汉建立，但是此时刘秀并未统一全国，还有一些地方政权在各地存在。如占据四川的公孙述政权，占据东方的刘永等。建武五年（29 年）"刘秀在平定了东方各割据势力之后，开始派兵向西。刘秀先派征南大将军岑彭讨伐田戎，很快在津乡（今枝城市境内）大败田戎，田戎兵败之后仓皇逃入四川，投奔公孙述。建武九年（33年），公孙述派田戎，大司徒任满和南郡太守程汛率蜀军数万人，大败岑彭部将冯骏，据守荆门江关，与驻在津乡的岑彭军对垒。

公孙述的军队在长江南北两岸的荆门、虎牙二山安营扎寨，并在江关架起浮桥，取名江关浮桥，并修造关楼，立攒柱，放铁钩，设重兵把守，这是中国历史上第一座有明确记载的架设在长江上的浮桥。由于这座浮桥横亘长江，切断了汉军进入四川的水陆要道，而且这座浮桥可以连接南北两岸，使荆门、虎牙二山守军可以方便的互相呼应。因此争夺这座浮桥成为决定这次战争的关键。

战争初期岑彭数次进攻都没有成功，没办法只好屯兵津乡，与公孙述军对峙。为攻克浮桥，夺取江关，岑彭改造原有战船，在船上修造楼篷，然后把弓弩手藏在里面，以便攻占浮桥。同时向光武帝刘秀请求援兵。建武十一年（35年）三月，刘秀派大司马广平侯吴汉，率骠骑将军刘隆等将领从荆南阳、武陵、南郡各地调兵六万余人,马五千,与岑彭会师于荆门。

吴汉率众将与岑彭会师后,由于岑彭熟悉水战,仍由岑彭全权指挥战斗。汉朝军队水陆并进,进攻江关。为攻克浮桥,岑彭从军中挑选善战勇士百余人,组成敢死队,登桥纵火,以便大军突破关口。岑彭又下令凡是率先登上浮桥者,给予"上赏"。偏将鲁奇应募向前,率敢死队乘船逆流而上,直冲浮桥。当时恰值东南风大作,蜀军在关楼手中的强弓硬弩难以射击。鲁奇率敢死队乘战船虽是逆流而上,却是顺风,因此直冲江上的浮桥而去。当鲁奇所率的楼船靠近浮桥时,被攒柱上的铁钩挂住,危急之际敢死队员挥刀奋力砍杀,与蜀军展开了肉搏战。敢死队员每人手持火炬,顺风向浮桥投掷,火借风力,一时火光大作,最终将浮桥烧毁倒塌。浮桥一毁,蜀军阵容变得大乱。岑彭趁机下令全军水陆并进,战船万箭齐发。陆军攻上荆门山、虎牙山,占领蜀营。两边山上战鼓震天,江面浓烟滚滚,蜀军四处逃窜,溺死者数千人。蜀军将领司徒任满被斩杀,南郡太守程汛被活捉，田戎逃往保江州（今重庆市区）。汉军乘胜追击，长驱直入四川，翌年攻克成都，歼灭蜀军，公孙述被斩杀。

在这次平公孙述之役中，虎牙浮桥的争夺成为战争胜负的关键，正是由于汉朝军队烧毁浮桥才打败了公孙述的军队，进入四川。故直到一千五百多年后，清人宋兆元在《荆门山》一诗中还写道：

西塞浮桥断，公孙霸业沉。
阿童江上渡，铁锁复千寻。

（二）三国时期的长坂桥与阴平桥

长坂桥

当阳地处湖北沮水、漳水中下游，北临荆山山脉余脉，东与荆门相连，东南与江陵相邻。地理位置十分重要，也是著名的三国古战场。

公元208年，曹操率大军进攻占据荆州的刘表军队，正赶上刘表病死,次子刘琮代为荆州牧,根本无力抵抗曹操大军,只好投降。此时寄人篱下的刘备也只好仓皇南逃,希望与割据江东的孙权联合共同抵抗曹魏。曹操得知刘备向江南逃走,急欲将其消灭,于是亲自帅骑兵连续追击了一天一夜,当追到当阳附近的长坂坡的时候,眼看就要追上刘备。刘备一看曹操追兵在即,也顾不上妻子和儿子,扔下众人,独自逃走,只留下猛将张飞带领二十名骑兵断后。张飞带领这二十名骑兵扼守长坂桥,据水断桥。曹操追兵一到,张飞骑马立在桥上横矛大喝:"燕人张翼德在此,谁敢过来与我决一死战?"曹操追兵闻后大惊,无人敢靠近前,于是刘备得以逃脱。此事成为千古趣闻,长坂桥也因此战声名大作,后来曾特意改名"横矛处"。至今尚有清朝雍正九年(1731年)所立石碑,上刻"张翼德横矛处"。

有诗赞云:

长坂桥头杀气生,横枪立马眼圆睁。
一声好似轰雷震,独退曹家百万兵。

张飞在当阳长坂桥上的神勇气概在京剧名段《长坂坡》得到大力渲染："当阳桥头一声吼，喝断桥梁水倒流。"从此，"喝断当阳"也成为了形容别人武勇盖世的典故。

阴平桥

阴平桥是三国时期位于今甘肃文县的白水上的一座桥梁，由于从魏入蜀的阴平道就经过这里，而且白水是嘉陵江上游的支流之一，所以这座桥控扼嘉陵江上游，位于蜀魏战争的最前线，军事地位十分突出。一旦魏国占领这座桥，就可以长驱直入蜀国腹地，因此阴平桥可以说是蜀国抗击魏国进攻的桥头堡。

魏景元四年（263年），魏国从全国各地调集兵力，大举进攻蜀国，邓艾、诸葛绪、钟会等分别帅兵分道进攻。蜀国大将姜维得知魏国正在筹划进攻，赶紧上书后主要求派张翼、廖化赶紧率军前往阳关口、阴平桥头等入蜀要道防守，防患于未然。但是蜀国的黄皓迷恋鬼巫之术，根本没有亲自向后主说明这件事。结果蜀国群臣都蒙在鼓里,根本不知道魏国将要大举进攻,直到钟会已经帅兵进军骆谷,邓艾率军进入沓中,后主才急忙派右车骑将军廖化带兵前往沓中增援姜维,左车骑将军张翼等带兵前往阳安关口,增援其他防御军队。廖化带兵走到阴平的时候,得知魏将诸葛绪帅兵向建威进攻,便驻军阴平以待魏军。姜维由于得不到救援,被邓艾打得节节败退,只好放弃沓中,帅兵退守阴平桥,想转而增援阳安关口。而在另一条战线上,由于张翼增援未到,钟会已经攻克阳安关口。没办法姜维只好放弃阴平桥,转而与张翼合兵全力保卫剑阁,凭借剑阁天险,魏军屡攻不克。于是邓艾率军从阴平桥出发经过汉中的德阳,深入无人之地七百余里,凿山通道,造作桥阁,经过在高山深谷中的行军,直趋涪县,这样就绕过剑阁,突然出现在蜀国腹地,随后在绵竹打败前来阻截的诸葛瞻,直入成都。在这种情况下,蜀国后主只得请降,蜀国于是灭亡了。

魏灭蜀之役主要是由于蜀国黄皓贻误军情,蜀军增援不及时,使阳安关口、阴平桥等防守要地兵力不足,导致蜀军处于被动地位，这些主要防守关隘被攻破后，蜀军先机已失，只能节节败退，本以为依靠剑阁天险防守，但是正是由于先前阴平桥的失守，使得邓艾可以帅兵绕过剑阁天险，直捣成都。可见有时候一座桥的得失，将最终关系到整个战役的胜负。

（三）南北朝时期的荆门山藤索桥

南朝陈宣帝太建二年（570年），宣帝陈顼派大将章昭达率大军攻打后梁都城江陵，后梁为北周附庸。梁明帝萧岿见章昭达大军压境，急忙请北周出兵增援。北周派信州（今四川奉节东）总管陆腾率战船水师顺江而下，与后梁军在江陵会合，共同抵抗陈军。后梁和北周军队将战舰都停靠在清泥中，结果章昭达派偏将钱道、程文季乘坐轻舟偷袭北周军战船，并且纵火将北周军战船全部烧毁。北周军大乱，陈军趁乱全军进攻，北周军、后梁军大败，退守荆门山。后梁和北周联军又在南岸修建城垒，并且命名为安蜀城。陆腾的军队在荆门、虎牙两岸扎营，为了南北相连和运送粮草，开始在荆门、虎牙之间横江架桥。他命兵士在荆门山间砍伐大竹粗藤，编成藤索，在两山岩壁上凿石钻孔固定。荆门山下河滩芦苇丛生，陆腾又命兵士砍伐芦苇，铺于藤索之上，架成了一座宽大的藤索桥。这样一来，南北两岸相连，不仅方便粮草运输，而且还可以使两山驻军互相呼应，守住荆门峡口，阻止陈朝军队西进。

陈朝军队多是江南水师，熟悉水战，而且当时江南造船业也很发达。章昭达看到北周军架起的索桥，知道不破索桥，不能进军。他立即招募工匠，昼夜赶造大楼船，每条船竖起二十余丈高的大桅杆，以便军士爬上桅杆割断藤索。

战船造好之后，章昭达命钱道率领战船前去偷袭，乘夜晚将战船驶进藤索桥。钱道命水兵手持长戟，爬上楼船的桅杆，割断横江的缆索。北周军原有的战船已被烧毁，水上无战船对抗，缆索被割断后，南北隔绝，粮草也供应不上，加上陈军是乘夜偷袭，北周军失去联络，陈军乘北周军混乱之机，水陆并进，攻上荆门山，攻下安蜀城，陆腾只得率败军逃回了四川。

（四）唐时期吐蕃在洱海地区架设的铁桥

公元680年，吐蕃攻占了安戎（今四川汶川西南）后，控制了唐朝通往西南诸蛮的道路。随后，吐蕃与唐朝在洱海地区展开了争夺，他们之间的争夺，其胜负关系到唐朝政权的生死存亡。因为吐蕃向东扩张，不仅西北边陲不得安宁，连中央王朝也受到威胁；吐蕃入犯蜀西及西洱河地区又使唐朝西南边疆的安全面临危机。为避免被动挨打的局面，唐必须从洱海地区抗击吐蕃，与西北相配合，形成对吐蕃的包围。因此，巩固姚州都督府就成为保卫唐王朝全局战略的重要措施。要巩固姚州都督府，就必须依靠洱海诸蛮；洱海诸蛮的向背关系着姚州都督府的命运。为此，姚州都督府的首要任务就是隔断吐蕃与洱海诸蛮的联系，招抚诸蛮。

为保卫姚州和抗击吐蕃,唐朝于公元707年派监察御史唐九征为姚嶲道讨击使,进讨深入到洱海地区的吐蕃。当时吐蕃在漾水和濞水间架设铁桥,以通西洱河,并在西洱河两岸构筑城堡。唐九征首先摧毁了守桥的城堡,继而焚毁了两座铁索桥,截断了吐蕃进入西洱河地区的通道,战役结束后,命书记闾邱均在剑川勒石建碑,立铁柱于洱海北面,以纪念这次战役的巨大胜利。这个铁柱是唐对洱海地区实行有效统治的标志。

但这次战争的胜利也并未彻底改变洱海地区诸蛮对唐王朝时叛时附的局面,因为安戎城和昆明城还为吐蕃所控制。于是,夺回这两坐城池成为唐朝争夺洱海地区的当务之急。之后,又经过了4次战争,安戎城终于又回到了唐朝手中。吐蕃曾多次派兵反攻,皆失败而去,两城的收复,不仅巩固了唐在西南地区的统治,也为南诏的兴起创造了条件。

由于唐标铁柱后来被毁,关于其具体位置至今还有争论。目前比较倾向于铁柱遗址的位置在漾濞县城附近。

（五）五代至金元时期战争中的浮桥

五代时期的德胜渡浮桥

五代初期，晋王李存勖率军向后梁发起进攻，晋梁两军对垒，后梁据上游之杨村渡，晋军据于澶州之德胜渡。

后梁军为了往来运输方便，且使得南北两岸军队能够相互呼应，他们从洛阳运来了竹子和木材，修建了一座浮桥。

晋军在德胜渡两岸也建立了南、北二寨。但是苦于没有桥梁，每天只能用小船来回运输兵士和粮草物资，劳苦费力又十分不便。晋王想修建浮桥却又苦于河北地区没有竹子和石头十分苦恼。这时晋王手下大将李存进进献一计，用芦苇将大船连接，形成浮桥，这样既省时又省力，晋王听后大悦，当即脱下自己的衣服赐给李存进。德胜渡浮桥的建立，解决了南北两寨的交通问题，使得晋军无后顾之忧。随后大举进攻后梁，终于在公元

923年灭掉了后梁。

北宋灭南唐中的长江浮桥

北宋初年，宋太祖赵匡胤在统一南唐的战役中经过周密的筹划和独特的施工方法，顺利架设了长江浮桥，为跨越长江天堑，攻克南唐创造了有利的条件。

宋太祖先命令大船数千艘装满巨竹在石牌口镇试架浮桥，浮桥搭建成功以后。等到宋军攻克安徽当涂，开始准备渡江时，宋太祖立即命令将浮桥移架至采石矶。同时，在架设采石矶浮桥前，先由一名叫樊若水的能人用小船带着丝绳在采石矶江面上往返丈量几十次，准确地测出了江面宽度。然后宋军才开始架设浮桥，结果仅用了三天时间，就在采石矶架好一千多米长的平坦浮桥，而且长短不差尺寸。数以万计的军队就如在平地上行军一般，在浮桥上迅速通过，大军渡过长江，一举拿下南唐首都金陵（今南京）。

金元之际的河中府浮桥

金宣宗元光元年（1222年）十二月，蒙古军队围攻河中府，驻守河中府的金军元帅右都监侯小叔拼死抵抗。但是在他出城与枢密院派来的都监商讨军事时，却被蒙古军将领石天应乘虚而入，占领了河中府。石天应随即营造浮桥，以便沟通陕西。先前，石天应占领金朝黄河边的另一座城池——葭州（今陕西佳县）后，也曾建造过浮桥。由于石天应有建造葭州浮桥的经验，河中府浮桥的建造得以很快完成。侯小叔在失城后，立即组织反击，他于半夜登上城楼，并且放火，石天应大惊失措，丢下辎重马匹逃跑，结果死在双市门口。重新占领河中府后，侯小叔又烧掉了这座浮桥。

（六）明时期的绍兴浪桥

在今浙江省绍兴市柯桥镇西，有一座石板长桥，桥板两侧刻有"万安桥"三字，这就是著名的浪桥。在历史上，浪桥曾经谱写过一曲抗倭的正气之歌。

姚长子，明代嘉靖年间柯桥独山人，名不详，因其身高力大，故人称姚长子，家境贫寒，作长工谋生，为人忠厚老实，行侠好义，又胆略过人，爱憎分明。其时日本浪人（即倭寇）勾结内地歹徒大举入侵，在江浙沿海袭村掠市，杀人放火，奸淫掳劫，无恶不作。

嘉靖三十三年（1554年）十月的一天，姚长子正在田里割稻，一大群倭寇自诸暨突入绍兴，流窜到柯桥一带，他们见到姚长子，令他带路去舟山，以图逃遁出海。长子不知有舟山，只知在此七八里处有一大村名州山，那里物产丰盈人口稠密。他想，导浪人入村，岂非引狼入室？思虑再三，决心将敌人带到相反方向的化人坛。化人坛是一个四面环水的平地，前后仅有两座石桥与坛外陆地相通，绍兴河道密布，此种水里畈涂，河中孤岛随处可见，姚长子路遇乡人，用土话密约：我带倭寇去化人坛，你们速将前桥拆去，待我入坛后，再速将后桥拆去，如此"引贼入绝地，悉可就擒，我死不恨"。众乡亲按姚长子计策行事。敌人进入化人坛，见前桥拆去，急速后退，而后桥又刚被毁，情知中计，就丧心病狂地"杀长子，剉其尸"。但他们已陷入四周皆水的绝地，无法跨出孤岛一步，这时四方乡民聚众来到。当时绍兴"总兵俞大猷，会稽典史吴成器各率兵奋击"。于是一场军民围歼倭寇的战斗开始。著名画家徐渭也亲自参加了这次战斗，当时官兵渡水击贼，曾一度受挫，于是徐渭"尝身匿兵中，环舟贼垒，度地形为方略"，提出以船诱敌之计。军民依计行事，将数只大船凿通船底，塞以棉絮，乘黑放至化人坛，敌人见有木船，以为救命稻草，争着上船逃命，岂知船负重下沉，棉絮脱落，洞隙大开，水涌船舱，未到江心，全部沉没，倭寇落水，惶惶然如甕中之鳖。此役将一百三十余名倭贼全部歼灭，取得了绍兴抗倭斗争一大辉煌胜利。

为了纪念这位"醢一人，活千万人"的爱国爱民勇士姚长子，人们将化人坛改为绝倭涂，并在那里立祠祭祀。将化人坛前桥改称得胜桥，后桥改称万安桥（即浪桥）。

现存的浪桥建于乾隆三十三年（1768年），同治六年丁卯年（1867年）重建。桥旁有《姚先烈（长子）绝倭纪念碑》。全桥呈少见的圆弧形，由二十余孔石梁桥组成，采用不同体型的桥墩，使全桥形成圆弧。每孔跨度3.5米左右，桥面宽2米，由三块条石并行连接，桥板两侧刻有"万安桥"三字，望柱上有石狮六只。桥上刻字很多，有"乾隆三十三年建""此桥周回，八面威风，通衢大路，古名浪桥"等。实体条石石墩上有"匠人孙其府造""匠人□□□造""同治六年七月十三日开工"等刻字。

（七）太平军武汉战役所架浮桥

我国历史上浮桥架设规模最大，并在军事上发挥了重要作用的，要算是太平天国起义军在武汉战役中所架设的一组浮桥。

1851年1月，太平天国起义爆发。以洪秀全为首的起义队伍，势如暴风骤雨，迅猛异常，只用了两年时间，就由广西攻入湖南、湖北，于1852年12月下旬逼近武汉三镇，揭开了武汉战役的序幕。

当时的省城武昌、府城汉阳及汉口市，濒临长江、汉水交汇口上，是清皇朝在中原腹地的重要营垒。清军主力集结于省城武昌，由巡抚、提督两名大员坐镇指挥。另外由提督向荣统带的一支队伍，正尾随太平军由湖南赶来，企图救援武汉三镇。在此前后，清朝政府又从陕西、甘肃、山东、山西等地纠集"救火队"，向河南、湖北交界处集结。根据当时双方兵力部署状况，在即将来临的这场恶战中，对双方都极为重要的一条，是如何掌握住武汉三镇之间的交通联系。掌握住这一条，就能在整个战役中处于主动和优势地位，失去这一条，就必然陷于分隔孤立、被动挨打的局面。而就当时条件来说，克服长江、汉水的阻隔，保持其间交通畅达，是相当困难的事情。

战云密布，激浪滔天。据史料记载，太平军"千舡健将，两岸雄兵，鞭鼓金镫响，沿途凯歌声，水流风顺"，于12月22日赶到武汉地区。北岸一路立即攻占汉阳，南岸一路则把武昌重重围困起来。两天以后（12月24日）的一个晚上，太平军在汉阳至武昌的江面上，架设起两座浮桥。

太平军只用短短两天就架设好了浮桥可以说是速度惊人。他们的架桥方法是，先在汉阳江岸把二艘、三艘或四艘船联成一段一段浮桥单元，然后衔尾徐行江中，组拼成桥。这样能使众多的人员同时操作，大量作业在江岸进行。架桥的材料，是鹦鹉洲的木条、汉阳城的板障，就地取材。浮桥固定的办法，开始仅采取在两岸固定，后因大风奋发，江水喧逐，加用重三、四十斤的铁锚固定于江中，千方百计加快建桥速度。他们还在江中急流之处以筏代舟，以减少迎水面，降低桥身水压。筏用大木排数层纵横交叉组成，四面用牛皮、木板构成围墙。墙上可以开设炮眼枪洞，以供对外射击。筏上设有"瞭楼"，以便观察敌情，建有简易房屋，以供兵员住宿和储存粮食、武器之用，备有大桨数十把，以便在江中游动。筏牢固坚实，迎水面比舟舰小，太平军称它为"龟船"。用它来组成军用浮桥，是一种创举。

随后太平军又在12月29日攻克汉口后,于硚口架设了汉阳至汉口间的浮桥。这三座浮桥,为分驻在武汉三镇地区的十万太平军,克服了长江、汉水的险阻,联结成为一支强大、机动的打击力量。困守在武昌城内的清军,则处境变得非常艰危。

对太平军架设的几座浮桥,当时人描述:"艨艟大舰,排齐江心,……浮桥数座,直贯武昌城下",人马往来,如履坦途,显出一派威武雄壮势态。清朝官将深知局势严重,认为太平军方面"武汉两地来往自如",自己则困守城内,水泄不通,因此"必烧其浮桥,使其不能往来,以分其势",试图把太平军的力量加以分割。正驱策队伍向武昌靠近的向荣,在给清皇帝奏折中写道:太平军"攻陷汉阳,占踞江面,搭造浮桥,围扑省城,势甚猖獗","奴才筹思至再……必须水陆四面夹攻",断绝太平军的联络,"方可易于得手"。而武昌城内的巡抚和提督们,更是十分惶急,于12月29日悬出赏格:"无论士庶,能毁江上一浮桥者,赏银五千两,上下流出二浮桥全毁者,赏银万两","烧一船者,赏银二十两"。然而，据当时一儒生记述："并无一人出应。"

1853年1月12日，太平军利用浮桥迅速集结起优势兵力，一举攻下武昌城，赢得了武汉战役的胜利。

（八）北伐时期的汀泗桥与贺胜桥

汀泗桥位于"中国桂花之乡"湖北省咸宁市境内汀泗桥镇西侧的泗水河上，它是一座始建于南宋的石桥。桥的东面是起伏的群山，而桥的西面则是湖泊密布，依山傍水，地势险要，易守难攻，为通往武汉的军事要隘。汀泗桥历史悠久，自古为南北交通要道，也是兵家必争之地，历代在此发生过多次战事，北伐时期发生在此的汀泗桥战役可以说是其中最重要的一次。

1926年7月，国民革命军八个军约十万人从广州出发，兵分三路开始北伐，在不到十个月的时间内，北伐军在全国广大人民的支持下势如破竹，迅速北进，同年8月初，北伐军光复湖南后，由湖南平江经湖北崇阳向汀泗桥进军，形成直逼咸宁、挺进武昌之势。吴佩孚赶紧纠集主力部队五万余人南下，在武昌外围沿铁路线的汀泗桥、贺胜桥一线构筑工事与北伐军决战。妄图凭借汀泗桥和贺胜桥的天险，抵挡北伐军前进步伐。北伐军攻打汀泗桥的主力是右纵队第四军（含叶挺独立团）。8月25日晚，第四军司令部发布进攻汀泗桥的命令。8月26日，北伐军发起进攻，遭到敌人顽强抵抗，战斗十分激烈，汀泗桥战地几次易手。8月27日，叶挺率领北伐军的先遣队、以共产党员和共青团员为骨干组成的国民革命军第四军独立团奋勇攻击，使得吴佩孚主力全线崩溃，北伐军最续占领了汀泗桥。吴佩孚率领残部退至贺胜桥一线。贺胜桥位于粤汉铁路线上咸宁与武昌两县交界处的一个小镇，早在宋末就有了，因为在宋末战乱中，当地有一个叫王晔的人带领乡里人大败贼寇，所以把这座桥命为"贺胜桥"。

吴佩孚节节败退后，视此地为生死攸关的最后防线。他在同样地势险要的贺胜桥建立指挥部，集中四万多人的兵力，布置了三道防线，亲自坐镇指挥。北伐军右纵队第四军奉命首先攻打贺胜桥。叶挺独立团担任第一线主攻。叶挺指挥部队连续作战,乘吴佩孚喘息未定之际,乘着夜色快速前进,直插敌人纵深阵地,完成了中央突破的任务。叶挺在孤军前出、三面受敌的情况下,严令部队向前攻击,接连突破野牛都山、铁路桥等敌军核心阵地。经过激烈的肉搏战,吴佩孚丢下设在贺胜桥的铁甲列车指挥所,仓皇逃跑。这时几万人的北洋军已经完全为独立团的声威所吓倒,不战自溃。吴佩孚为了挽救兵败山倒之势,亲自枪毙了一个旅长,把他的头挂在贺胜桥上,但即使这样,也没能把军心稳定下来。在后续部队的支援下,独立团又乘势突破最后两道防线,打通了通向武汉的门户。

汀泗桥、贺胜桥战役是北伐过程中的一次非常重要的战役,它为北伐军直取武汉铺平了道路,起了决定性的作用。

汀泗桥、贺胜桥伴随着一代北伐名将叶挺的名字而为人们所熟知。在战役的遗址汀泗桥畔的山冈上,还保留有当时战斗的工事,诸如碉堡、防御工事等。为了纪念那些在这次战役中牺牲的英雄，还修建了阵亡将士墓、纪念碑、纪念亭等。将士墓为长方形，券顶，短墙和密密的松柏环绕四周。纪念碑呈方锥形，碑的正面刻有"国民革命军第四军北伐阵亡将士纪念碑"十七个大字。纪念亭是一个方圆顶的六角亭。现在汀泗桥已经成为当地发展红色旅游的重要景点。

（九）"七七事变"中的卢沟桥

卢沟桥位于北京广安门外丰台区，北京西南十五公里，是中国四大古桥之一。因为该桥横跨卢沟河（今名永定河）而得名。它是北京现存最古老的一座石造拱桥，也是我国北方现存最长，年代较早的古桥。北京地处华北平原、东北平原及内蒙古高原三个地区的交界处。三个地区之间的交流都要通过北京地区来进行。从华北平原沿着大行山脉东麓到达北京地区，然后或者从西北方向进入山区，越过八达岭，经由山间盆地达到内蒙高原，或者从东北方向由古北口经过一片丘陵山地，进入东北平原。而无论走哪条路，卢沟桥都是必经之路。

早在战国时期，这里就出现了渡口。而且人们还开始在渡口附近修建聚居地，也就是北京的发源地——蓟城。后来随着各地区交流的频繁，经济开始繁荣起来，金朝定都北京后，原有的渡口和浮桥已经不能满足需要。而且永定河流量变化无常，洪水季节河水暴涨泛滥，渡口和浮桥经常被冲毁。于是从金大定二十九年（1189年）开始兴建石桥，至明昌三年（1192年）建成，初名"广利桥"。意大利人马可·波罗的游记曾记述此桥赞叹不已。称它是世界上最好的、独一无二的桥。

卢沟桥是根据永定河水流的特点设计的。桥身全部都用白石，全长2.1—2.2米，加上两端引桥，总长266.5米。有11个桥拱，面宽7.5米，有栏板279块，左侧石栏雕柱140根，右侧141根，柱高1.4米，柱头均雕蹲伏的石狮。全桥的结构和桥墩、拱券的各部分，均使用腰铁固牢，用以加强石与石之间的拉联。桥墩呈船形，迎水面砌作分水尖，并且还在每个尖端安置了一根三角铁柱，以抗御春冰和洪水。

卢沟桥的石狮子姿态各不相同。狮子有雌雄之分，雌的戏小狮，雄的弄绣球。有的大狮子身上，雕刻了许多小狮，最小的只有几厘米长，有的只露半个头，一张嘴。因此，长期以来有"卢沟桥的狮子数不清"的说法。据统计，望柱上有大石狮281只，小石狮211只，桥上石狮共492只，桥东端还有顶着栏杆的石狮，左右各1只。桥两头有华表各1对，华表顶部石兽各1对（东边为1对狮子，西边为1对大象）。总计石狮496只，两畔还各有石碑一座：一座碑上记载清康熙二十七年（1698年）重修卢沟桥的经过。另一座是乾隆皇帝所写金章宗所题"卢沟晓月"四字。碑高4.52米，宽1.27米，厚84厘米，"卢沟晓月"是燕京八景之一。

卢沟桥是永定河上唯一的桥梁，是出入北京的咽喉要道。卢沟桥东有一座城池，名宛平城，原是护卫北京的军事城堡。卢沟桥及宛平城相连，就像一座雄关，扼守北京的西大门，在军事上占有重要的地位。卢沟桥在建成之后，因其地理位置的重要，在桥附近发生了多次战争。而震惊中外的"七七事变"的发生,更是宣告了中日战争的全面爆发。

1937年7月7日,盘踞于永定河西岸的日本侵略军以一名士兵失踪为借口,强行要过卢沟桥到宛平城内搜查,遭到了国民党二十九路军的严辞拒绝。于是日本侵略军就大举武装进攻桥东,这就是震惊中外的"七七事变"。"七七事变"揭开了中华民族全民反抗日本侵略的序幕。卢沟桥也成为中华民族抵抗外来侵略,维护民族独立的见证,写入史册。目前,卢沟桥已经成为全国重点保护文物,建立了卢沟桥史料陈列馆,同时在桥北另建一座新公路桥。叫京石公路桥。卢沟古桥只准许行人步行通过。

(十) 红军长征中的泸定桥

现存最著名且制作最精良的铁索桥恐怕非四川甘孜大渡河上的泸定桥莫数。泸定桥位于四川和青海、西藏的交通要道上，始建于清康熙四十四年（1705年），次年建成，距离水面几十米高。桥长100米，宽2.8米，高14.5米，由13条锚固于两岸的铁链组成，9根底索承重，上铺木板，两边各放2根作为扶手揽。每根铁链平均由890个扁环扣联而成，长约128米，重约1.5吨。铁索两端绕过石砌桥台顶部，锚固于桥台背后底部，这也是古代铁索桥中最为常见的锚固形式。这座建于清康熙年间（1662—1722年）的大桥，曾是茶马古道的要衢，藏汉贸易的集散地——客商来来往往，店铺应运而生，内地大量的茶叶、盐巴、布匹等从这里运往藏区，藏区大量的马匹从这里进入内地。另外，因为修了这座桥，也才逐渐形成了一个叫泸定的县城。

1935年，北上抗日的红军为了摆脱后面国民党几十万大军的追击，来到大渡河边。大渡河向以河流湍急，易守难攻而著称，太平天国的翼王石达开就是在大渡河边，数次渡河不成，而最终全军覆没。蒋介石叫嚣要红军重蹈石达开的覆辙。红军经过昼夜急行军赶到大渡河上的泸定桥，国民党军为了阻止红军过河，不仅在桥对面设置了猛烈的火力封锁,还撤去了桥面上的木板,只留下了光秃秃的铁索。但是红军战士不畏艰险,奋勇向前,经过激烈的战斗,终于占领此桥,同时在下游红军搜集当地船只,强渡大渡河。最终红军打破了国民党的妄想,跳出国民党军的围追堵截,最终取得了长征的胜利。使得昔日的"翼王悲剧地"变成了今朝的"红军胜利场。"毛主席曾在诗中赞扬道:"金沙水拍云崖暖,大渡桥横铁索寒。"目前泸定桥已经成为首批国家级重点文物保护单位,桥东建有展览馆。

柒 人杰桥灵忆往事

佳话典故

桥梁在给予人们跋山涉水、化天堑为通途的可能时，也和历史上的许多著名人物、典故结合在一起，构成了许许多多动人的历史故事，下面，就选取几则有代表性的故事，让我们通过想象和追忆，来领略一下中国桥梁背后所蕴含的几千年的文化背景吧。

（一）尾生抱柱

《庄子·盗跖》上有这样的一段记载：

> 尾生与女子期于梁（桥）下，女子不来，水至不去，抱梁柱而死。

据现在的桥梁专家推测，能让人抱柱而死的桥，一定是具有桩柱式桥墩的双跨以上桥梁。这座桥相传是在陕西省蓝田县东南五十里的蓝峪水上，被称为"蓝桥"。那么《庄子》中提到的尾生又是何许人呢？他为何又会有"水至不去，抱柱而死"的举动呢？我们要了解其中的缘由，还是让我们上溯到两千多年前的春秋时期来看一看吧。

春秋时，鲁国曲阜有个年轻人名叫尾生，与孔子是同乡。尾生为人正直，乐于助人，和朋友交往很守信用，受到大家的普遍赞誉。有一次，他的一位亲戚家里醋用完了，来向尾生借，恰好尾生家也没有醋，但他并不回绝，便说："你稍等一下，我里屋还有，这就进去拿来。"尾生悄悄从后门出去，立即向邻居借了醋，并说这是自己的，就送给了那位亲戚。孔子知道这件事后，就批评尾生为人不诚实，有点弄虚作假。尾生却不以为然，他觉得帮助别人是应该的，虽然说了谎，但出发点是对的，今后再有这种情况，他还会这样做的。

后来，尾生迁居梁地（今陕西韩城南），在那里认识了一位年轻漂亮的姑娘。两人一见钟情，君子淑女，私订终身。但是姑娘的父母嫌弃尾生家境贫寒，坚决反对这门亲事。为了追求爱情和幸福，姑娘决定背着父母私奔，随尾生回到曲阜老家去。那一天，两人约定在韩城外的一座木桥边会面，双双远走高飞。黄昏时分，尾生提前来到桥上等候。不料，天气说变就变，突然乌云密布，狂风怒吼，雷鸣电闪，滂沱大雨倾盆而下。顿时山洪暴发，滚滚江水裹挟泥沙席卷而来，淹没了桥面，没过了尾生的膝盖，情况十分危急。城外桥面，不见不散，尾生想起了与姑娘的信誓旦旦；四周是白茫茫的水世界，不见姑娘踪影。但他寸步不离，死死抱着桥柱，终于被活活淹死。

再说姑娘因为私奔念头泄露，被父母禁锢家中，不得脱身。后伺机星夜逃出家门，冒雨来到城外桥边，此时洪水已渐渐退去。姑娘看到紧抱桥柱而死的尾生，悲恸欲绝。她抱着尾生的尸体号啕大哭。阴阳相隔，生死一体，哭罢，便相拥纵身投入滚滚江中，谱写了中国文学史上第一幕惊心动魄的爱情悲剧。

这件事在《汉书·古今人表》《艺文类聚》等书中均有载。后人就用"尾生抱柱"等喻指人坚守信用并时常被历代文人咏叹引用。三国曹魏嵇康的《琴赋》就曾写道："比干以之忠，尾生以之信。"《玉台新咏·古诗八首》曰："朝登津梁上，褰裳望所思。安得抱柱信，皎日以为期？"李白的《长干行》说："常存抱柱信，岂上望夫台。"汤显祖的《牡丹亭》道："尾生般抱柱正题桥，做倒地文星佳兆。"

（二）豫让与国士桥

在我国古代两部史书《史记》与《战国策》中，都记载了一个战国时期著名刺客——豫让的故事。

当时晋国之主晋出公名存实亡，各个大夫都想取而代之，智伯是野心最大的一个，想削弱同样是大夫的韩、魏、赵三家之势，于是要三家割地充公作为国家的财产，韩康子虎和魏桓子驹无奈从之，独赵襄子无恤拒之。智伯遂胁迫韩、魏两家于周贞定王十四至十六年（前455—前453年）攻打赵襄子，引汾、晋水灌晋阳城，晋阳城岌岌可危。赵襄子采纳谋臣张孟谈之计，策反并秘约韩、魏两家，掘开水坝，反灌智伯大营，智伯在驾船逃走途中被赵襄子领兵亲自追杀。后尽灭智氏之族，并漆智伯头颅作为溲便之器。

智伯手下有一位叫豫让的臣子，发誓要为主人报仇。豫让起初为晋国的范氏家臣，范氏为智氏所灭，于是豫让效力了智氏，智伯待之甚厚。智伯被赵襄子擒获后，豫让易服逃走，隐匿石室山中，后闻赵襄子以智伯头颅作为便器，便决定行刺襄子为智伯报仇。

第一次，豫让装作服役的囚徒，挟持匕首，潜入赵氏内厕，等候赵襄子入厕而伺机行刺。但不巧被襄子发觉，襄子念其忠义而释之。临去前赵襄子问道："我今日释放了你，你还要来行刺吗？"豫让回答说："你今天释放我，是你对我有私恩，而我要为智氏报仇，是我的大义所在，所以我是不会放弃的。"

为了报仇，不让别人认出自己，豫让削去胡须，剃掉眼眉，并用漆墨涂抹自身，在街市上作疯癫之状。在被妻子从声音上认出来之后，又吞炭变为哑喉。有友人知豫让的志向，劝说道："你有报仇的意志，并且以你的才能，如果假意投奔赵氏，必得重用，然后再伺机行刺，必然成功，何苦自毁其身？"豫让却说："如果我投奔赵氏，再去行刺，这便是'贰臣'了，而我现在漆身吞炭，为智氏报仇，正是要让'贰臣'闻风知耻！"

赵襄子看到当年智伯为了水灌晋阳城而修的水渠，觉得此渠有利于防水灌溉，便命人在其上筑桥，称为"赤桥"。豫让得知赵襄子在桥落成之日要来观桥，便怀藏利刃，诈为死人，埋伏于桥下。赵襄子行至桥前，马不能前行，命人查之，果然搜出一尸，虽然形象大变，赵襄子还是一眼就认出了豫让。

赵襄子说："豫让你先做范氏家臣，范氏为智氏所灭，忍耻偷生，不替范氏报仇，反为智氏所用；而今智伯已死，而你报仇心切，这并不合乎道理。"豫让则说："君臣是合之以义，如果君对待臣如同手足，臣对待君也会如同腹心；如果君对待臣如同犬马，那么臣对待君也会如同陌路之人。当年范氏只以常人相待于我，我也只能以平常人相待范氏。而智伯对我解衣推食，以国士相待，我当然要以国士之礼回报。"赵襄子十分敬重豫让的忠心事主，他答应豫让，脱下自己的大袍来让他在袍上连砍三剑，豫让砍完之后说道："现在我可以回报智伯了。"于是拔剑自刎。赵国的英雄豪杰听闻这件事，都为之涕泣。后人把豫让埋伏的这座桥，称之为"豫让桥"，又因为豫让说了"人以国士遇我，我故国士报之"，所以又称之为"国士桥"。

（三）张良与遗履桥

张良是汉初三杰之一，汉高祖刘邦手下的重要谋臣，

《史记》曾经记载了一个关于他青年时代的故事:

张良行刺秦始皇失败后,流亡到了下邳,在一座桥上碰到了一位老人,把鞋子丢到了桥下,让张良为他把鞋子捡起来,等到张良捡起之后,老人又让张良替他把鞋子穿上。老人看到张良孺子可教,于是约定五天后清晨在桥上和张良相会,可张良五天后去桥上时,老人已经先到了,责怪张良怠慢疏忽了,又约定五天后相会,第二次张良还是比老人晚到,又约定五天后相会,第三次张良半夜就过去,终于比老人先到,老人高兴得将奇书传授给了张良,让他研习,后来张良凭借学到的东西辅佐刘邦建立汉朝。相传老人就是世外道家高人黄石公,传授的奇书就是周初姜尚所著的《太公兵法》。圯桥进履这个典故也被写进了历史书中。

李白曾赋《经下邳圯桥怀子房》诗咏怀道:

我来圯桥上,怀古钦英风。
唯见碧水流,曾无黄石公。

这座圯桥又被称为"遗履桥",其确址难考,除了下邳的圯桥外,河南也有,如《河南通志》记载:"河南归德府永城县有酂城桥,相传即张良进履处。"张良生活过的地方,安徽涡阳也有一座遗履桥,在石弓镇南则的包河上,前些年兴修水利时已被拆掉,但遗迹尚存。

(四) 邯郸学步与学步桥

在战国著名的道家著作《庄子·秋水》篇中,描述了这样一则故事:

据说,战国时期赵国的都城邯郸的人走路的姿态很好看,动作非常优雅、轻快。燕国的寿陵有一位少年听到这个传说,非常羡慕邯郸人,就走了很远的路去赵国,想学习邯郸人走路的方法。刚开始,他整天站在街头,仔细研究每个人走路的姿态,再慢慢模仿他们,可是都没有成功。后来,他想可能是受到过去走路习惯的影响,所以,他决定要忘掉以前走路的方法。从那时候起,他更专心研究邯郸人走路的姿势,不过,再怎么努力他还是学不会,最后他只好放弃。可是,因为他把以前走路的方法忘得一干二净,已经不知道该怎么走路了,只好一路爬着回去。当别人看到他的样子,都忍不住笑他。

后来,"邯郸学步"这个典故就用来告诫人们:千万不要胡乱模仿别人,免得没学会别人的东西,反把自己原来会的东西也忘记掉了。李白有诗云:

> 东施来效颦,还家惊四邻。
> 寿陵失本步,笑煞邯郸人。

至今,邯郸尚有学步桥一景存在。古代邯郸沁河桥,始建于何年,是什么结构,共有多少孔?因史书上缺乏记载,加之年代久远,已难以考证。据地方志记载,邯郸北关的沁河上,很早就有一座木桥,明万历四十五年(1617年),由当地知县主持,将木桥改建为石拱桥,并借用"邯郸学步"典故,命名为"学步桥",是七孔石拱桥。20世纪80年代中期,学步桥又在保持原有建筑风格的情况下被改建，特别值得一提的是，我国的多孔石拱桥，一般主孔跨径较大，两侧各孔跨径一次缩小，或者几孔均为同等跨度，有的还在大拱的两肩上设置小拱，但这种小拱并不独立构成一孔。学步桥则不同，它是大拱小拱间隔布置，每个拱都直接横跨在墩台上，这种布局在我国石拱桥中实属罕见，同时桥两侧栏杆和桥头的雕塑也很有特色：桥拱中心处雕有向下俯视的龙头。桥面两侧有石栏杆，各有石柱多根，柱上雕刻石狮、石猴等兽形，形态各异，制作精巧，造型美观，具有浓厚的民族传统风格和较高的观赏价值。

（五）司马相如题柱与升仙桥

司马相如是汉代著名的文学家，他在辞赋创作上的成就，及其与卓文君的爱情故事，几乎尽人皆知。而在他生活的地方——成都，还有一座桥与司马相如有关，那就是驷马桥。

驷马桥原名"升仙桥",位于四川成都北门外,原为木桥,现已无存。据晋代史学家常璩在《华阳国志·蜀志》中记载,当初司马相如凭借同乡杨得意的引荐,使他写的《子虚赋》被汉武帝赏识,终于有了施展才华的机遇,在应诏前往长安之时,司马相如在城北的升仙桥上留下"大丈夫不乘驷马高车,不过此桥"的立志题词。后来,司马相如又受命出使西南夷,在经过故乡又从该桥凯旋,衣锦还乡,荣归故里,实现了当初自己题诗的志向。到了北宋时,成都知府京镗重修此桥,就改桥名为驷马桥,并作《驷马桥记》云:

前建桥以驷马名,自是长卿之遗踪,亦石泯矣。

唐朝诗人汪遵曾写过两首赋咏《升仙桥》绝句诗,其中一首写道:

汉朝卿相尽风流,司马题桥众又闻。
何事不如杨得意,解搜贤哲荐明君。

歌颂了杨得意的荐才之功。另一首则曰：

题桥贵欲露先诚，此日人皆笑率情。
应讶临邛沽酒客，逢时还作汉公卿"。

岑参也有诗赞曰：

长桥题柱去，犹见未达时。
及乘驷马车，却从桥上归。
名共东流水，滔滔无尽期。

元代戏剧名家关汉卿根据历史传说，将其改编为杂剧《升仙桥相如题柱》，在乡间上演，使司马相如成为一名在民间很有影响的人物。"题柱"后来成为激励男儿立志成才的典故。

（六）秦始皇与秦桥

在晋朝人伏琛的《三齐略记》中，记载了一个关于秦始皇的神话传说：

秦始皇巡游到海边，要在海边建一座大桥，通往太阳升起的地方。他命人用石头日夜填海，感动了东海龙王，于是龙王便命令海神帮助秦始皇。海神为他驱石竖柱，架设海桥。始皇感恩，要面谢海神。海神因自己面貌丑陋，与始皇约定，相见时不许画他的面形。可秦始皇不守信用，暗藏画匠，画下了海神的面貌，激怒了海神，扔下造桥工程，扬长而去。

后人用"秦桥"比喻依靠天神之力建造的大桥，唐代诗人李贺《古悠悠行》描绘道："海波变成石，鱼沫吹秦桥。"

剥去这个故事的神话色彩，我们可以知道，秦始皇在统一六国，完成内陆型国家向临海型帝国的转变后，就要考虑探索海洋、征服海洋的行动了，这就和历史上他派遣徐福东渡的故事有着一样的性质。然而,在海边建造跨海大桥,在当时的技术水准看来,是绝对不可能建造一座入海三、四十里的石桥的。由于建造技术不过关,这条石桥不久就塌方了,海水的激荡,将秦桥冲塌得无影无踪。现在在山东威海市成山头旅游区内,由成山头最东端的射鲛台上往下看,陡壁险峭,崖直海深,涛声震耳,浪花飞溅。放眼望去,西南方海面上,有四块巨石在急流与浪花中时没时现,忽断忽续,依次排向东南方,随溯涨落,宛若人工修筑的桥墩。据说这就是当年秦始皇的造桥遗址。

(七) 铜雀春深锁二乔

唐代诗人杜牧在《赤壁》一诗中这样写道:

折戟沉沙铁未销,自将磨洗认前朝。
东风不与周郎便,铜雀春深锁二乔。

在这位富有浪漫主义色彩的诗人看来，周瑜为了自己的美貌娇妻而和曹军在赤壁大战，这种思想到了明代小说家罗贯中的《三国演义》中，就变成了这样子的描述：

诸葛亮在江东，为了劝说孙权一方坚定抗曹的决心，就对主掌军事的大都督周瑜说，曹操是个好色之徒，只要把江东著名的美女——大乔和小乔献上，就能消除兵灾，又举例说道："曹操的儿子曹植作《铜雀台赋》，里面提到'揽二乔于东南兮，乐朝夕之与共'正是曹操内心的写照。"于是，周瑜被诸葛亮激得立誓要打败曹军。

一个小故事中，诸葛亮的睿智、周瑜的冲动、曹操的好色，这三种性格就被罗贯中以传神之笔呈现给读者了。然而，历史事实却与罗贯中所描写的颇有出入。首先，曹操于建安十五年（210年）在邺城铸造铜雀台，而曹植的《铜雀台赋》写于建安十七年，《赋》的全文在《三国志·陈思王传》裴松之注的引文中有据可查。赤壁之战则发生在建安十三年，那时还没有铜雀台及《铜雀台赋》，但是罗贯中偏偏要把它们移到一起；其次，《铜雀台赋》中原文"连二桥于东西兮，若长空之虾蝶"被罗贯中改成了"揽二乔于东南兮,乐朝夕之与共"的意思,并借诸葛亮之口说了出来,让人误会曹操有意于江东二乔。

其实,"二桥"指的是铜雀台上连接旁边两座宫殿金虎台和冰井台的阁道式浮桥。随着铜雀台历经岁月风雨,到明代末年已基本被毁,地面上只留下台基一角。二桥也只能通过当地博物馆收藏的一些图纸来凭吊了,随着电视剧《三国演义》的拍摄,铜雀台也被慢慢复原出来了。不过,罗贯中有意无意间的这么一个讹指,倒让铜雀二桥很长时间留在了人们的脑海里。

(八)"刘阮入天台"与迎仙桥

南朝宋刘义庆的《幽明录》记载了刘晨、阮肇入天台山采药遇仙的故事。

相传东汉时剡县农民刘晨、阮肇来天台山采药,不幸迷路断食,摘桃充饥,后在桃溪边遇见二位仙女,偕至洞府,结为伉俪。平日以对弈为乐。仙界方一日,世上已千年，半年后刘阮两人思乡心切，二女相送出溪口，返家一看，竟已历七世。后来两人再度来山，终于修仙上天。于是后世用"刘郎"比喻成仙而去，或指情郎。

唐李商隐《无题四首》之一："刘郎已恨蓬山远，更际蓬山一万重。"称去而重来者为"前度刘郎"，用"刘阮入天台"指凡人遇仙。

在今浙江省新昌县桃沅乡刘门坞附近的惆怅溪上有一座迎仙桥，据说因刘晨、阮肇二人在此迎仙得名。该桥经过有关桥梁建筑专家研究考察，被认为是国内首次发现的近似悬链线拱的古石拱桥。桥长29米，净跨16.5米、宽4.6米，明万历《新昌县志》有载，清道光丁天

新昌迎仙桥

松重修。这座桥位于刘宋诗人谢灵运开辟的"诗歌之路"通向天姥山的门户处,同时也处在浙闽古干道上,经历了数百年文人游客和商贾军旅的穿行,至今安然无恙,足可以见到其结构的科学性。

(九) 周处与斩蛟桥

南朝宋刘义庆的《世说新语》里描述了一则周处除三害的故事,极其生动,颇富教育意义。

周处是义兴郡阳羡(今江苏宜兴)人,力气大,喜欢骑马打猎,可是性情暴躁,动不动就和人争斗村里人讨厌他,把他和山上的猛虎、水里的蛟龙合称为"三害",并把周处称为三害中最厉害的一个。一天,周处看到一些老人围坐在一起愁眉不展,一边叹气一边议论着什么。他走过去问:"现在天下太平,又逢丰收,你们还有什么不高兴的呢?"其中一个胆子大的老人说:"三害不除,人们哪会快乐呢?"周处忙问:"什么三害,快说给我听。"老人告诉他，一害是南山上的猛虎，二害是长桥下的蛟龙，该说第三害了，老人闭口不语了。周处性急，非让老人说不可。老人就说："要问这第三害，就是欺压乡邻的恶人，弄得大家不得安生。"周处没想到这第三害是指自己，看见大家看着他，以为是希望他去除三害。就说："这三害算得了什么，我去除掉它们。"大家都说："你要是能除掉这三害，这可是大好事，我们一定感谢你。"

周处真地除三害去了，他背着弓箭，带着钢刀，迈开大步，爬上了南山，用弓箭射死了张牙舞爪的猛虎。他又来到了长桥，纵身跳下了水，去擒拿蛟龙。那蛟龙异常凶猛，周处和它在水中搏斗起来，蛟龙顺水下游了几十里，周处紧追不舍，三天三夜没上岸。

村里的人见周处一去不回，以为他与蛟龙同归于尽了，大家就互相道贺，庆祝三害已除。可是周处凭自己的智慧和力量最后杀死了蛟龙，爬上了岸，回到了村里。他一见大家正在庆祝三害已除，这才知道原来自己是三害之一。他难过极了，心想：一个人被看作和吃人的老虎、害人的蛟龙一样，还有什么意思。他痛下决心，改过自新。

于是周处向当时有名的文学家陆机、陆云请教，在他们的鼓励帮助下终于浪子回头，成为了一位报效国家的栋梁之材。后来用"周处杀蛟"来形容英勇过人、为民除害，用"周处除三害"比喻浪子回头、痛改前非。唐刘禹锡《壮士行》云："明日长桥上，倾城看斩蛟。"

位于宜兴城中心的"长桥"，始建于东汉，横跨长桥河上，又称蛟桥，相传周处当初在此斩蛟，北宋神宗元丰年间（1078—1085年），宜兴县令褚理重新修葺长桥，并改建为石桥。在褚理的邀请下，在宜兴当地购置田产的大文豪苏东坡曾经两次为长桥题词："晋征西将军周孝公斩蛟之桥""晋平西将军斩蛟之桥"。到了清代光绪年间再次重新修葺时，就用了这样一副对联：

清风徐来，水波不兴，墨妙尚留苏学士；
行人安稳，布帆无恙，神威犹仰晋将军。

对联用苏东坡和周处一文一武的例子来激励宜兴人发奋学习、精忠报国。

（十）杨再兴与小商桥

南宋高宗绍兴十年（1140年），金兵南侵，不到一个月时间，河南土地又沦入金人之手。这时，抗金名将岳飞由襄阳统师北上，一举夺回了邓州、唐州等大片国土，又大败金兵于郾城。郾城之战后第三天，双方屯兵小商桥，杨再兴因杀敌心切、误陷小商河，被金兵乱箭射死。焚尸后得箭头三升。

民间流传的小说《说岳全传》在描写岳家军大将杨再兴时，将他描绘成《三国演义》中长坂坡单枪匹马鏖战的赵云一样的英雄，而在《宋史·杨再兴传》中也叙述了他可歌可泣的英勇事迹：

（杨）再兴以三百骑遇敌于小商桥，骤与之战，杀二千余人，及万户撒八孛堇、千户百人。再兴战死，后获其尸，焚之，得箭镞二升。

他壮烈殉国的地点——小商桥，也成为读者心目中的著名古迹。后人在此凭吊，赞曰："义气摧金师，曾扫敌氛经百战；英风余颍水，犹孤冢峙千秋。"

小商桥位于河南临颍县皇帝庙乡商桥村，地处郾城与临颍交界处，南北横跨颍河故道，历史上这里地当要冲，属于南北兵家必争之地，杨再兴阵亡后，就葬在桥东北四百米的颍河北岸。

据史料记载，小商桥创建于隋朝开皇四年（584年），是一座坦拱敞肩的石拱桥，与河北赵州桥的结构基本类似，由于早于赵州桥修建的年代，所以专家们推断，此桥可能是赵州桥的实验桥。桥长21.3米，宽6.45米，主孔净跨12.14米，桥体由一主拱与两腹拱组成。主拱的主孔和两侧腹拱的小孔均为20块红石拱券并列而成。各块拱石之间由咬铁相连接。主、腹拱的两侧通身都雕刻有天马彩云、云龙、莲花、牡丹以及三角几何等图案。

小商桥是目前我国现存最早的通体雕刻的古代桥梁，这些雕刻图案形象怪异，风格古朴，工艺精湛，对研究我国的古代石雕艺术提供了重要而又丰富的实物资料。

小商桥的桥墩是经过细致打磨的六层石条砌成的，表层光滑，砌体整齐。经测量，两侧的桥墩至今仍在同一水平线上，并未发现有不均匀的沉降现象。

由于小商桥造型优美，结构合理，做工精细，雕刻华丽，建造历史久远，具有较高的历史、科学和艺术价值，从而引起了诸多有关专家的高度重视。1982年9月，著名桥梁专家茅以升先生曾派三人考察组前来实地考察，得出了该桥创建于隋且略早于河北赵州桥的结论，于《北京晚报》等数家新闻单位作了报道后，在国内外学术界引起了轰动。1992年元月，国家文物局著名文物权威罗哲文先生亲临考察小商桥，再次确认该桥始建于隋，并盛赞该桥为"世界桥梁史上珍品中的精品"。

捌 鹊桥仙中桥仙缘

神话传说

纤云弄巧，飞星传恨，银河迢迢暗渡。

金风玉露一相逢，便胜却人间无数。

柔情似水，佳期如梦，忍顾鹊桥归路。

两情若是久长时，又岂在朝朝暮暮。

宋代词人秦观的这首《鹊桥仙》，不知感动了多少痴男怨女，牛郎织女"鹊桥相会"的故事更是家喻户晓，上演了一幕感人的"天仙配"。就是这一群可爱的喜鹊搭成了架在银河之上的"鹊桥"，使天上人间不再被银河所阻。天上有桥，人间亦有桥。它们架在河流之上，峡谷之间，用一段段美丽的神话诉说着自己的故事。

　　说起"桥"来，叫仙人桥、望仙桥、会仙桥等等仙桥的可真不少，可能是因为人类造桥的历史太悠久了，从原始的简支桥梁，到栈道、浮桥、索桥，到梁桥、拱桥、桥群的形成，再到桥梁上的桥屋、栏杆、雕塑等桥梁艺术。人类自己都搞不清楚何时开始造桥，何人发明创造的，只好说是神仙造的了！而且"仙桥"许多都是与八仙有关的。看来"八仙过海，各显神通"，这造桥也是"一通"呀！除此之外，仙女异兽造桥也不少，最让人向往的当属那发生在桥上的神仙般美丽的爱情故事了！

（一）八仙过海来造桥

　　相信大多数人都记得中学时的一篇课文《赵州桥》，这赵州桥又名安济桥、大石桥，是隋代工匠李春主持建造的一座敞肩式单孔圆弧弓形石拱桥，相关的史料记载非常之多。然而关于赵州桥的一段充满浪漫主义色彩的传说却对赵州桥的建造有另一种说法。

　　相传古代赵州城的洨水（今洨河），水势非常汹涌，两岸行人来往十分不便。著名工匠祖师爷鲁班知道后，就特地赶来，以其神妙的建造技术，在一夜之间造好了这座大石桥。人们看见后惊喜万分，争相传告，纷纷前往观看这个奇迹。"八仙"之一的张果老也骑着毛驴来赶热闹，并且特意在驴背上放着一边装有太阳一边装有月亮的褡裢，要试试这座桥是否经受得住。这还不够，他还约了后来做了五代后周第二代皇帝的柴荣，于是柴荣推着载有"五岳名山"的独轮车，一道来到桥头试桥。他们开口就问，"能不能让我们同时过桥？"鲁班刚把桥修好，正在高兴的时候，不知他们存心开玩笑，所以不以为然地说："这么坚固的石桥，还经不起你们两人走吗？"谁知他们刚上桥，就把桥压得摇晃了起来。鲁班见势不妙，急忙跳下桥去，用手在桥身的东侧使劲托住，才使他们两个顺利过桥。因为当时双方用力太大，就在桥上留下了几处"仙迹"——驴蹄印，车道沟以及柴荣由于推车过猛，不慎单膝跪到桥上压出的膝印，张果老的斗笠掉在桥上打下了的一个圆坑,鲁班托桥时留下的手印。解放后的桥梁工作者发现这些"仙迹"是有科学道理的,"驴蹄印"、"车道沟"和"膝印"是行车外缘的界限,桥下的"手印"是当大桥需要加固时最适宜的支撑位置。将科学原理寓之于神话之中,真是巧妙无比呀!民歌《小放牛》中唱道:

> 赵州桥来鲁班修,玉石栏杆是圣人留。张果老骑驴桥上走,柴王爷推车扎了一道沟。

相传鲁班造桥,张果老来捣乱,还有另一层原因。当时鲁班与鲁姜兄妹二人斗气,比赛看谁一夜之间能先造好一座石桥,他们分别将桥址选在洨河和清水河上。天刚拂晓,鲁班的大石桥差不多已经造好了,而鲁姜的小石桥还差一截。这时神仙过此暗中相助,请张果老骑驴,柴王爷推车来牵制鲁班,将大石桥压得摇摇欲坠。鲁班见势不妙,立即跳入水中,双手托桥,保住了大石桥。此时妹妹的小石桥已完工,妹妹竟胜过兄长,一时传为佳话。这大石桥和小石桥就是赵州桥和永通桥，他们的造型、结构及艺术风格都极其相似。

广东潮州有民谚说"到了湘桥问湘桥""一里长桥一里市"，这都是在说我国古代的一座开合式桥梁——广济桥，又名湘子桥。它采用了梁桥和浮桥相结合的技术建造，中间的浮桥可以开合，以利于通航。听到"湘子桥"，你可能会想到"八仙"之一的韩湘子，的确这座桥相传与韩湘子有关。根据传说：韩湘子是"唐宋八大家"之一的韩愈的侄子。韩愈潮州任刺史时，为百姓谋方便，在恶溪上造桥，然而年年造，却年年不成，韩湘子得知后"下凡"前来相助，施展"仙法"，一夜之间建成了这座桥，并题"洪水到此"四个大字，后人为此立碑，将此桥命名为"湘子桥"，为纪念韩愈和湘子，并将恶溪改名为韩江。

在江西安福有一座古桥名为集仙桥，相传村民们晚上听到桥上仙乐缭绕，远远看去似乎有雾气，于是好奇地纷纷前往观看，只见有"吕洞宾"三个大字写于桥柱之上。隐约可见吕洞宾离去的身影，后人便将此桥命名为"集仙桥"。看来吕洞宾见张果老和韩湘子都与桥结了缘,自己也不甘落后了。

在贵州北盘江有一座铁索桥,据《铁桥志书》记载,它是明代的朱家民所造。铁索桥上固定于两端而中间下垂的的铁索是如何从一边拉到另一边的呢?按当时的技术水平来看,是相当困难的。怪不得当地人说铁索桥是"八仙"中的铁拐李和何仙姑所造,叫它"仙索桥"。解放后经科学家考证,铁索的架设是先用细绳拴上锤或箭,甩或射至对岸,由细绳自对岸拉回一根较粗的麻绳,再用粗绳拉着套有圈环的篾索,悬挂于两岸,最后将铁链吊在圈环上,一端固定后,于对岸逐个拉动圈环,使链随篾索移动,架于两岸之上的。

相传浙江余杭通济桥(俗称"苕溪桥")也是铁拐李所建,还留下两把宝剑,一把名为"镇水剑",可斩蛟龙防涝;另一把名为"生水剑",可击地生水抗旱。旱涝皆无所畏惧,历代乡民称这座桥为"神桥"。

湖北大冶的还地桥也流传着八仙的故事,相传这座桥原名换绦桥,因为吕洞宾、汉钟离、铁拐李等八仙过此桥时于此换绦，故名换绦桥。

"八仙"云游之地颇多，这不，又来湖南了！湘潭雨湖有一座"八仙桥"，传说是一位老人盛情款待了七男一女后，此八人为了表示感谢而造的，这八人就是"八仙"，他们造桥所用的石料是自己吃饭时坐的八块石板。衡阳南岳华严湖边的"玉板桥"，相传是皇帝命县令造桥以利乡民，可是桥下有一只野兽常常吃咬桥基，桥怎么也建不好，最后在铁拐李的帮助下，桥才得以建成的。

（二）仙人灵兽结桥缘

在贵州从江县銮寨的侗族，人们把花桥即风雨桥，又称作八仙桥。这"八仙"并非上面道教传说中的八位仙人，而是八位侗族少女。相传她们和凤凰赛歌，经过七天七夜之后她们终于赢了。天上的玉帝听了这么长久的歌声后，也不知是嫌吵还是喜欢上了这歌声，最后的结果是八位少女被抓到了天上。地上的侗族同胞们想念她们，就搭起了花桥唱起了歌，呼唤八姐妹。八姐妹终于冲破重重阻挠逃到了花桥与乡亲们团聚。

可能鬼斧神工自然生成的天生桥更具不可知性和神秘性，人们假托仙人所造的故事就更多。湖南慈利索溪峪有一座名为"仙人桥"的天生桥。相传北宋仁宗末年，土家族领袖向王造反，被官军打败，逃到悬崖绝壁处，眼看无路可走。正在这千钧一发之际，突然三位仙女从天而降，她们长袖一挥，天上立即飘下一条玉带，横落在峡谷之上，化为桥梁，让向王死里逃生，后人便称此为"仙人桥"了。在陕西白水的圣女桥，传说也是三位神女一夜之间建成的。

广西有著名的"桂林山水"，众所周知这是岩溶作用的产物，属于喀斯特地貌类型。而且广西这种地貌随处可见，像溶洞、钟乳石、峰林，还可见天然的石拱桥！桂林象鼻山远观就像一座石拱桥。环江毛南族自治县龙岩乡也有一座这样的"龙桥"。那里优美的风景使人们浮想联翩，便有了一段美丽的传说，相传龙王三太子奉父亲龙王之命前来神州察看山川形势，他来到了广西凤凰山下的达蟒河边，坐在巨石上休息时，对面林子里传来了悦耳的情歌："公子神鞭赶群坡，游途闲憩过小河，纤手敢拦君去路，渡河理应对情歌。"只见一位美丽脱俗的女子手舞着彩巾向他走来，他被女子的娇美迷住了。英俊潇洒的三公子情不自禁地对歌道："游龙戏水是奇才，小妹斗胆把哥拦。你唱歌来百鸟转，我的歌声阳光来。"那女子将彩巾一挥，面前的小河顿时白浪滔天，三公子与她斗法，推来一座青山垫河，河虽填满了，但三太子却因此触犯了天规，玉皇大帝将他化为一座桥，跨于达蟒河上，名为"龙桥"。那名女子不知是因为愧疚还是对三太子的恋慕，从桥上跳入了峡谷，变成巨大的石笋，相伴龙桥。龙桥成为当地毛南族青年男女对歌定情之处。

湖南省郴州市境内的"仙人桥"有一段"织女造仙桥"的动人故事。相传钟水之上没有桥，两岸的村民到对岸都需要绕很远的路。于是乡民们联名上书恳求官府造桥。官府收了百姓募捐造桥的钱之后却迟迟不动工修桥。中秋节的晚上，村民们怀着满腹的不满，借酒浇愁。正好那天织女下凡，听到村民们的议论，生出怜悯之心，决定帮助村民们建桥,她随即就去蓬莱仙岛寻找石料,只见一只斑斓的猛虎向她扑来,织女眼明手快,抱住了虎的脖子,原来竟是一只石虎。刚向前走几步,猛听得背后呼啸,一只雄狮向她扑来,仙女蹲下身子,抓住狮尾,却又是一只石狮。据说石狮、石虎是天上的神兽,是奉观音菩萨之命来帮助织女架这座仙人桥的。

说起老虎,我们不得不说说福建漳州的虎渡桥。虎渡桥,又名江东桥,是一座有15孔的石礅石梁桥。这座桥位于九龙江北溪下游,距海较近,由于飓风、潮水、急流等的影响,造桥非常困难,所以有人称这座桥为"江上奇观"。宋嘉定七年(1214年),郡守宗正、少卿庄夏等人开始建造石墩木面桥。刚刚建造时,抛下水中的大石块常常被急流冲走。相传有一次,人们忽然看见一只猛虎背着一个小老虎,泅渡到达了对岸。工匠按照老虎泅渡的方向勘探,发现水下有坚固的岩滩,然后定下桥墩的位置,抛石垒砌,将桥建成。为感谢老虎的指引,称此桥为虎渡桥。

还有的神仙造桥是不留名的,可以说是无名英雄了。

比如江苏苏州的灭渡桥。相传从前有一位客商需要摆渡过河，而渔夫在捕鱼，没有理他。他对渔夫说："巴望倷（你）打条大鱼。"渔夫将网拉上来，果真是一条金色的大鲤鱼。客商见渔夫不睬他，照旧下网。他笑嘻嘻对渔夫说："网里又一条大鲤鱼了！"果真又是一条大鲤鱼。渔夫笑呵呵地把鱼放在舱内，仍不愿为客商摆渡。客商批评渔夫良心太黑，便说："金鲤银鲤请听好，快快都往水里跳。"一会儿，舱里十八条鲤鱼全部跳入运河。渔夫恼火极了，说，我就是不给你摆渡，看你如何到对岸？客商笑眯眯地从腰间解下一条"青龙带"，向天空一抛，落下来变成了一座高大的石拱桥。这时，渔夫恍然大悟，才知遇上神仙，懊悔不及。从此，苏州人称这座桥为"觅渡桥"或"灭渡桥"。

福建泉州洛阳桥的修建据说也得力于不知名的神仙的相助。泉州是北宋时期国内重要海港之一，这里有一个繁忙的渡口，名为万安渡，相传渡口海潮汹涌，架桥非常困难。一天傍晚，当最后一班渡船刚离岸时，岸边来了一个孕妇和小男孩，要求过渡。船工看到他们母子可怜站在岸边,便将船掉头去载他们,此举却遭到了乘客们的埋怨,不一会儿黑云压顶,暴风雨突然到来,更引起大家的交口相怨,说这小娘子一上船,天就翻了脸。正在人们慌乱不知所措时,忽然听到半空中有人喝道:"蔡学士在此,众水妖不得无礼!"喊声过后,果然顿时雨停云散,风平浪静。大家临危脱险,都想要感谢这位蔡学士,但船上竟无一人姓蔡,只有最后上来的孕妇卢氏的婆家是莆田蔡姓,此刻她正要赶回婆家分娩,她很感谢船工的好心,暗想如果将来孩子能成器,定要在此修建一座桥,方便行人。后来卢氏果然生了一个儿子,名"襄"。他就是宋代四大书法家之一的蔡襄。蔡襄十八岁即中进士第一,后来出任泉州太守,遵从母命,要在万安渡建桥。在开工之前,人们苦于海潮涨落不定,难以施工,就给海神写了一封求助的信柬,并问谁能下得海去送信。正好差官中有个名叫夏得海的,以为是在叫他,便应声而出。接过信后才知道事情难办。他只好借酒消愁,把自己灌得酩酊大醉。来到海边,他倒头便睡,一觉醒来,竟发现海神已有回信,便赶紧往回呈上。蔡襄拆开一看，信上只有一个"醋"字，一时让人疑惑不解，蔡襄左思右想，终于悟出这是要他在八月（发信的那个月）二十一日酉时开工造桥。到时果然海潮退落，经过八昼夜紧张施工，终于建成了这座桥长360丈，宽1丈5尺，有47个桥孔的石墩石梁桥，即有名的泉州万安桥，后改名洛阳桥。该故事也被搬上了京剧舞台，名为《洛阳桥》，据茅以升回忆，"是个'灯彩戏'，演出'三百六十行'中各行艺人，手持各种彩灯，象形工具，手舞足蹈，兴高采烈地过桥景象；并在唱词中道出他本行业因桥受益的感激心情……"

江苏苏州乘鱼桥，相传是琴高乘鲤鱼升仙之地。丁法海与琴高一向关系很好，他们一起经营东皋的田地。那年庄稼丰收，二人高高兴兴地一同来到田边，忽然看到鲤鱼在田里跳舞，鲤鱼有一丈多长，还有一个角，两只脚和一对翅膀，非常奇怪。丁法海试着跳上鱼背，想和奇鱼一起翩翩起舞，但鱼却一动也不动，许久之后丁法海只好下来。他请琴高也登上鱼背来试试，谁知琴高刚登上鱼背，鲤鱼便扑闪翅膀，直冲天际，于是便有了琴高乘鱼升仙的故事,而这座乘鱼桥便是琴高升仙之地。还有湖北石首的照影桥,相传有仙人于此照影。江苏句容的白鹤桥,相传汉永元间茅氏兄弟三人,乘鹤至此才有白鹤桥,而后大茅君驾白鹤会群仙于此。

(三) 桥上的浪漫情事

相信大多数人都知道一部很著名的美国电影《魂断蓝桥》,而在中国的古代,也有一座"蓝桥",坐落在陕西蓝田县的蓝溪上,相传它就是《史记》中苏秦说燕王所讲的"尾生抱柱而死"的那座桥,而且在这座桥上还有一段更动人的传说——蓝桥玉杵记。

神仙眷侣樊云英和张苇航触犯天规,双双被贬下凡为人。苇航投胎到裴家,名裴航,云英投胎李家,名晓云。巧的是这两人还定了娃娃亲。可怜裴航幼年父母双亡,只好寄食于岳父家中。岳父希望他好好读书,将来金榜题名,光宗耀祖。奈何裴航不热衷功名,数次落第之后，岳父找借口逼他写下退婚书，并将他赶出了家门。晓云苦苦哀求也无济于事，之后，李父将晓云许配给了花花太岁金万镒，晓云誓死不从，身绑大石投河自尽，幸好被晓云得道成仙的奶奶所救，祖孙二人暂住于蓝桥边的茅屋中，等待裴航。

再说这裴航被赶出李家之后，梦中得仙人点化，找崔相国相助，却无意中听到晓云已死，悲痛万分。崔相国赠予裴航盘缠，劝他赶往襄汉寻师学艺，希望以后可金榜题名，大丈夫何患无妻呢？在去襄汉的船上，裴航遇到一位裴夫人，实际上她就是云英的姐姐云翘，她送了裴航一首诗：

一饮琼浆百感生，玄霜捣尽见云英。
蓝桥自是神仙窟，何必崎岖上玉京。

之后她便消失了。裴航一直没有体会其中的意思。后来，裴航赴京师赶考，路过蓝桥时，口渴难忍，向桥边茅舍主人求一碗水喝。老妇人叫道，"云英，拿碗玉浆出来！"

裴航接过碗便大口喝起来,那真是一碗好喝的天上琼浆呀!他抬头看这位姑娘,居然与晓云长得一模一样,且她叫"云英",裴航想到了那首诗,顿时恍然大悟,他向老婆婆求亲。老婆婆说必须拿玉杵作为聘礼才行。于是他们以百日为限,让裴航去寻找玉杵。

这玉杵实际上是云英投胎时从月宫带下来的,后来被他父亲不知卖到哪里去了。裴航辗转曲折才打听到玉杵在一位姓下的老汉那里,于是裴航用崔相国给他的钱买回了玉杵。回到茅屋后,老婆婆故意考验裴航,说自己身体不好,必须用玉杵捣药来喝,且必须捣一百天。白天裴航用玉杵捣药,晚上婆婆要把玉杵收回。一天晚上,裴航无意间看到玉兔用玉杵捣药,云英和几位仙女跳月宫舞曲《霓裳羽衣》,他感觉自己像在天上似的。于是裴航有了得道成仙,放弃凡尘俗世的念头。一百天后,裴航得知云英就是晓云,他们成亲后在云英的祖母以及姐姐的点化下,双双升天成仙了。

元代庾吉甫的杂剧《遇云英》,明代吴文的传奇《蓝桥记》和龙膺的同名传奇在当时都将蓝桥的故事以戏剧的形式将搬上了的舞台。

在杭州西湖断桥上发生的白娘子与许仙的故事也非常感人。杭州"西湖十景"之一的"断桥残雪"久负盛名,家住余杭的许仙清明节那天在这里遇见了美若天仙的白素珍,二人在此"断桥相会",终结成连理,过着幸福的生活。许仙不知,白娘子就是自己儿时救过的一条小蛇,后来法海从中作梗,硬要棒打鸳鸯,囚住许仙,上演了一幕幕白素珍上塔救夫、水漫金山寺的动人故事,之后又一次在断桥,白娘子和许仙再续前缘。

明方成培的传奇《雷峰塔》中一出《断桥》已经将"断桥相会"演绎了出来,现代京剧中的《双断桥》,昆剧、越剧、淮剧、川剧、豫剧中的《白蛇传》,更将这这一几百年来经典曲目越传越远,家喻户晓。如果你到杭州,不到西湖,不到断桥上走一遭,算是没有来过天堂杭州。

京剧《虹桥赠珠》,原名《泗州城》,讲述美丽女神碧波仙子与人间翩翩公子白咏由相互爱慕到结成姻缘的故事,他们的定情地在彩虹搭成的桥上,以碧波仙子精

八 鹊桥仙中桥仙缘

灵凝聚成的一颗宝珠作为定情的信物。碧波仙子与人结合，触犯了天规，二郎神带领天兵天将下凡捉拿碧波仙子问罪，仙子带领着众多虾兵蟹将奋力抗争，经过一番殊死搏斗，信物宝珠发挥出无敌的魔力，终于取得最后的胜利。

七仙女和董永的故事也是家喻户晓了，湖北孝感有一座理丝桥也可以说是二人爱情的见证了。相传七仙女私自下凡，以土地为证，槐树为媒天仙配后，在孝感县城河中理丝，因而此桥得名理丝桥。

神话毕竟是神话，即使历史上确有其人，他的故事也是经不起推敲的，有的甚至是子虚乌有的无稽之谈。然而神话故事能与桥梁结缘，流传下来经久不衰，自有它的魅力所在。

玖

年年岁岁心系桥

桥俗民风

桥梁以各种姿态架设于河流、沟壑、峡谷之上,它使两岸得以沟通,使天堑变通途,如今更有平地而起的立交桥,使道路的发展空间更为广阔,它是人们日常生活中司空见惯又不可获缺的事物。桥可以说是通往某地的必经之路,起到联系沟通的作用,从某种意义上也可以说是通往某地的关卡,通则过,不通则难过。人们把桥的重要性与生活中的通途与难关联系在了一起,插上想象的翅膀赋予了桥许许多多的文化意义,这些意义体现在了日常生活的民俗中,民俗学界称之为"桥俗"。"桥俗"中的"桥"有真正的桥,也有用木棒或板凳代表的具有象征意义的桥,更有人们想象中的根本不存在的桥。比如,我国许多地区都有正月十五"走桥"的习俗,这桥就是真实存在的桥,人们从上面走过代表着某种意义,或是祈嗣,或是祈求平安幸福等;而河南有些农村,新媳妇进门要从院子里的架设的凳子上爬过,这凳子是桥的化身,表示过了此"桥"就成为了夫家人;我们经常说的"鹊桥",通往阴曹地府的"奈何桥"等,都是根本不存在的桥,只是人们想象要通过的某种难关。

中国是一个多民族国家,不同民族赋予桥以不同的文化意义,对桥都有着自己独特的见解,表现在民俗中当然就有所不同,我们就从"桥俗"着眼来体验一下不同的民族风情吧!

(一) 汉族中与桥有关的主要习俗

元宵节"走桥"

农历正月十五是我国一年一度的传统节日——元宵

节，节日期间有舞龙、舞狮、赏灯、猜灯谜等各种各样的民俗活动。除此之外还有一种活动在中国各地也普遍存在，那就是"走桥"。有人说"走桥"就是老百姓的"祈嗣求子"和祈福活动，还有人认为"走桥"活动代表着妇女解放，因为这一天受封建礼教束缚的中国古代妇女可以离开闺房，外出参加各种娱乐活动，可以到郊外"走桥"，祈求平安健康，吉祥如意。

明代刘侗、于奕正所撰的《帝京景物略》上，对元宵北京走桥的风俗有明确的记载："是夜，妇女群游，名曰走百病；凡有桥处，三五相率以过，是为渡厄，俗曰走桥。"据抄本《宛平县志》载，当地男妇率于元宵之夕结伴游行、摸钉、过津梁，名曰"走桥儿"。徐珂的《清稗类钞·时令类》记载，从元宵节之夜至二月二之前，淮安有送子之俗，唯须取东门外"麒麟桥"桥塊上的砖块，敲锣打鼓地送到乏嗣之家方可，接受者则大喜过望，并悬其桥砖于床上。

浙江省的金华、兰溪、衢州、浦江，北京的通州、顺义、大兴、平谷，河北的永平、涿州、交河、宁强，山东的威海，河南的夏邑，福建的莆田，广东的汕头，以及上海、云南、贵州等地，在每年元宵节"走桥"的同时，还伴有盛大的"迎桥灯"活动。因"灯"与"钉""丁"字音相近，在走桥观灯的同时，有摸门钉，捡拾"桥砖"的习俗，取"祈嗣"之意。

江南"走三桥"

江南许多地方"走三桥"的习俗，实际上就是"走桥"，明朝的陆伸曾经有一首题为《走三桥》的诗：

> 细娘吩咐后庭鸡，不到天明莫浪啼。
> 走遍三桥灯已落，却嫌罗袜污春泥。

江苏古镇同里一带元宵夜有走太平、吉利、长庆三桥的习俗，当地俗语说：走过太平桥，一年四季身体好；走过吉利桥，生意兴隆步步高（官运亨通步步高）；走过长庆桥，青春长驻永不老。居民结婚时也要在鼓乐声中抬着新娘的花轿走过这三桥。老年人六十六岁生日，要在午餐后走过这三座桥,因为"老年人,走三桥,鹤发童颜,寿比南山高"。

浙江乌镇的元宵夜走桥还忌走回头路,走过十座桥才算吉利,因此预先要拟好行进路线,才不至于混乱。

江苏周庄婚嫁有"走三桥"的传统仪式,新人们也在鼓乐队的引领下,由亲朋好友簇拥着,携手走过寓意成双成对、白头偕老的双桥,太平吉祥、万事如意的太平桥和富贵平安、事业有成的富安桥。

江苏苏州等地,在二月二有为婴儿举行"剃满月头"的仪式,剃完头后,要由舅舅抱着"走三桥",图个吉利。太湖南滨的农村,在老人的丧礼中,女儿和儿媳必须到村坊内外,哭着走过三座桥,然后让一个小辈将内有铜钱的碗端到桥头,把钱丢到河里,"买水"一碗回来,意思是为死者在阴间的用水付钱。

随着社会的发展,"走三桥"的意义更为广泛,时间更为灵活,有人说:"小孩走三桥,聪明伶俐;老人走三桥,身体健康;小伙子走三桥,平步青云;大姑娘走三桥,貌美如花。"时下,到江南古镇旅游的人们,也都会走一下桥。

广东各地"走桥"俗

在广东揭阳，元宵节前后有"行彩桥"的民俗活动，人们通过"行彩桥"祈求平安幸福。"行彩桥"共分三个阶段：正月十一"行头桥"，正月十五"行二桥"，正月十六"行尾桥"。元宵节前，人们把用各种花灯将大小桥梁装饰一番，晚上争先恐后的过桥，抚摸桥头上的石狮，心里默默的祈求平安幸福，子孙同堂。

广东佛山的走桥习俗称为"行通济"，这是因为所走之桥名为"通济桥"，"行通济"是在正月十六早晨举行的，也有的在凌晨就开始过桥，过桥者都必须从桥头起，过桥之后在桥尾的"通云社"焚香拜神，祈求赐福。这就将走桥与参拜神庙结合了起来。

广东省吴川县梅箓镇的正月十五有"桥梁节"和逛"花桥"的习俗。人们在正月十五这天，用各种彩灯、彩布、彩带、气球、纸花、盆景、字画等，将梅箓镇与隔海村之间的那座拱桥装扮成"花桥"，纸花据说是子宝的象征物，是供晚上前来逛桥的人采摘的，妇女若采了白花，就可以生下男婴；若摘了红花，则可以生下女婴。

关于梅箓镇桥梁节的来历，还有一段美丽的传说。相传以前在梅箓镇和隔海村之间没有桥，两岸居民来往只能通过一叶扁舟相渡。有一年元宵之夜突然下起了倾盆大雨，洪水威胁到了隔海村，风大雨大，渡船无法通行，甚至差点被风吹走了，村民们逃生无门，危在旦夕。这时有一位仙女下凡，用彩带化作彩桥，横跨在梅江之上，将梅箓镇与隔海村连在了一起。隔海村的村民们通过彩桥到达梅箓镇，平安逃过一劫。后来人们为纪念仙女的搭桥的救命之恩，便每逢元宵节将那座桥装饰成"花桥"，随着时间的推移在当地渐渐形成了固定的习俗和节日。

"拔烛桥"

福建武夷山枫坡村有一种"拔烛桥"的风俗，活动从正月十四晚上开始一直持续到正月十六日结束，由村中最有威望的长者率领"舞灯队"举行。舞灯队由两名年幼的男童提着吉祥灯在前开道，长竹竿吊串的高照灯紧随其后，孩童和姑娘们举着各式各样的自扎花灯居中，上了年纪的壮年汉子，抬着花灯鼓亭，青年小伙子则扛着"烛桥"压阵。

活动开始前先由舞灯队走街串巷游村，炮声齐鸣，烟花齐放，唢呐声、锣鼓声汇成一片，热闹非凡。队伍到达村中心闹区后，"拔烛桥"最精彩的节目开始。"烛桥"是由上下两层的木架组成，上可插两支大号蜡烛，下有把手可抓，两头与前后的木架用木插销联接，大的可接80个，小的也可接54个，联接的木插销是活动的，接起来的架子弯弯曲曲似条木龙，拉直来又像一座木架浮桥。随着执事者的一声令下，烛桥按事先的约定迅速分成两节——上村、下村两队，各队都有二十多名精悍的小伙子将烛桥往各自的田里拔去，谁能把对方拔到自家的田里，谁就是赢者，来年的丰收必定胜过对方。因此，双方往往要拉到一身的泥水才能见分晓，而且只有浑身泥水后，也才吉利。

春社踩桥会

四川绵阳安县雎水镇的民俗"春社踩桥会",距今已有两百多年的历史了。每年"春社"日(即立春后第五个戊日),安县及相邻的绵阳市区、北川县、德阳市甚至成都等地百姓,都会扶老携幼来到安县雎水太平桥,参加一年一度盛大的"踩桥会"。

雎水太平桥建于清嘉庆四年(1799年),为单拱虹形石桥。每年"踩桥会"上男女老少都要到桥上走三个来回,祈求无灾无难,幸福安康,同时还会举行"过桥"、拉"保爷"的民间"拜干爷"活动,人潮汹涌,非常热闹。

六月六"亡灵过桥"

每年农历六月初六日左右,在广东潮汕十分流行一种祭祀民俗,名为"亡灵过桥"。这一民俗是由唐太宗游地府与刘全进瓜的民间传说衍化而来的。《西游记》第十一回讲述了这样一个故事:唐太宗游地府还魂后,曾许诺十殿阎王要送南瓜鲜果,于是出皇榜招募赴阴间送瓜之人。当时有均州人刘全，其妻李翠莲把金钗施给僧人，被刘全责备为不守妇道，李翠莲忿而自缢，丢下一双年幼儿女。刘全后悔莫及，舍命揭榜到阴曹进瓜、会妻。阎王接到唐太宗的南瓜很高兴，还成全了刘全，让他们夫妻双双转回阳世。

"亡灵过桥"仪式为当年六月初六以前逝世超过一百天的，或上年去世又未举行"过桥"仪式的成年人举行，每个死者只须举行一次。"过桥"仪式于六月初五下午开始举行。其时先拜祭亡灵，敬奠酒茶饭菜，告诉亡灵。当晚十一时左右才正式举行"过桥"仪式，一直祭奠至交过子夜，即初六日。

"过桥"这一习俗必用的供品有：用米粉蒸制七块两三寸宽、七八寸长的果子，称为"桥板粿"，排列成一字形板桥状，象征进阎王殿之奈何桥。桥头桥尾均有阴曹官吏把守，要备熟卤鸭一只，敬桥头官；熟白鸡一只，敬桥尾官。这时正值潮汕西瓜熟透季节，此地民俗均以西瓜代替南瓜。西瓜祭奠的数量以死者有若干儿女而定，不论男女，每人一个。独子或没有儿子的要送一对。祭拜时每个西瓜插上一支点燃的香,并套一串纸钱,作为阴曹挑西瓜人的酬钱。此外还要加一盆有十二种不同果类的鲜果,焚化大量纸钱等,以此敬献阎王,以求死者早日得以轮回超生。一些有钱人家举行"过桥"仪式时,还请和尚、道士做个道场,俗称"打过桥敬"。

不用"过桥"的人家,一般这一天不买生果吃,特别禁食西瓜。初五晚上,家家紧闭门户,不敢上街、串门,怕被鬼抓去"挑西瓜"。有的人刚好在这一天逝世,家属都认为是"倒霉死"。

七夕鹊桥相会

每年的农历七月初七"七夕节",是传说中的牛郎和织女从鹊桥上渡过天河相会的日子。

相传牛郎父母早逝,又常受到哥哥和嫂嫂的虐待,只有一头老牛与他相伴。有一天老牛给他出了计谋,要娶织女做妻子。有一天,美丽的仙女们下凡到河中沐浴,并在水中嬉戏。这时藏在芦苇中的牛郎突然跑出来拿走了织女的衣裳。惊惶失措的仙女们急忙上岸穿好衣裳飞走了,唯独剩下织女。在牛郎的恳求下,织女答应做他的妻子。婚后,牛郎和织女男耕女织,相亲相爱,织女还给牛郎生了一儿一女,一家四口过着幸福美满的生活。后来老牛要死去的时候,叮嘱牛郎要把它的皮留下来,到急难时披上以求帮助。老牛死后,夫妻俩忍痛剥下牛皮,把牛埋在山坡上。织女和牛郎成亲的事被天庭的玉帝和王母娘娘知道后,他们非常生气,命令天神下界抓回织女。天神趁牛郎不在家的时候,抓走了织女。牛郎回家不见织女,急忙披上牛皮,担了两个小孩追去。眼看就要追上,王母娘娘心中一急,拔下头上的金簪一划,霎时出现了一条浊浪滔天的银河,牛郎追不过去了。从此,牛郎织女只能隔河相望。天长地久,玉皇大帝和王母娘娘也拗不过他们之间的真挚情感,准许他们每年七月七日相会一次。相传,每逢七月初七,人间的喜鹊就要飞上天去,在银河为牛郎织女搭鹊桥相会。七夕节和七夕民俗由此产生,唐代罗隐有一首《七夕》,生动描述了当时的风俗。

络角星河菡苔天，一家欢笑设红筵。

应倾谢女珠玑箧，尽写檀郎锦绣篇。

香帐簇成排窈窕，金针穿罢拜婵娟。

铜壶漏报天将晓，惆怅佳期又一年。

（二）少数民族中涉及桥的一些习俗

祭桥、添桥和砍桥（侗族）

在侗寨里有祭桥、添桥和砍桥的习俗。祭桥一般在大年除夕这天进行。侗胞认为阳世间人人都有一座自己的灵魂桥，这桥是投胎时由阴间来到阳间的必经之桥，死后又由这桥回到阴间去。祭桥时把身上的一绺棉线和一包茶叶、盐巴放到桥下，以示自己的生命时时与桥同在。

添桥是孩子生病时在属于孩子的桥旁边添上一根新杉木，杉木系上一块红布（需是家织布），以招呼孩子失落的灵魂从系有红布标志的桥上转回家，且祈求桥头婆婆保佑孩子平安无事。

砍桥是一种桥占。孩子病重时，是灵魂误上了别人的桥，此时得请来巫师砍断孩子误上的桥。巫师把一双筷子架在盛满水的碗口上，一刀砍去，筷子断成两截，而碗里的水不溢出，说明孩子的灵魂平安无事，不会再误上别人的桥，如果溢出，则为凶兆。

在贵州三穗、剑河、天柱等地的侗族，若失去孩子的父母精神恍惚，觉得孩子的鬼魂夜间回了家，使屋内响动不安时，要请法师举行"斩桥"仪式。法师在门槛上架一个高脚凳，门上面铺布，内为黑布，外为白布。布上放两只碗作为桥墩，碗上放一双筷子，作为桥。法师要唱歌作法事，哄小孩的鬼魂上桥，然后把桥一刀斩断，随即用桃枝、茅草等结标插于大门，表示断屋塞，鬼魂禁入。同时，母亲在七天内不得出门，非出门不可也不能过桥。

正月十五禳桥日（苗族）

贵州省三穗县南部的寨头村的苗族人民春节过的颇

具特色，正月十五禳桥日后春节才算完。所谓十五禳桥日，就是到桥头祭祀，消除灾祸。去禳桥的人都是男人，女人去的极少，这是地方的风俗。人们来到山地桥处后，便迅速地寻找地方架锅烧水，把鸡鸭拿到桥上去杀，并把血淋在桥上，然后把鸡鸭放进锅子中去烫，之后，把毛揎净、煮熟，这时，人们才把这熟鸡熟鸭拿到桥上去禳，再把所要禳的祭品即刀头、醮粑等都摆在桥上，烧香化纸。事毕，即在原地聚餐。

农历二月二是苗族的"敬桥节"。"敬桥节"如何而来，苗族自己都说法不一，一地有一地的传说，不过相同的一点都是主人公二月二架了桥之后才有了孩子，之后二月二架桥的风俗就传了下来。苗族敬桥节的主要活动就是架新桥、祭旧桥，各地敬桥节的具体仪式也不一样。三穗县寨头村的苗族，敬桥节有"晾桥接龙"的活动，内容是早上人们来到"接龙桥"（这是当地一座架在石屏河上的杉木桥），将糯米饭、酒菜、线香、纸钱等供于桥上，然后生火做饭，饭后回寨内娱乐。

贵州等地苗族的苗族几乎每家每户都有自己的石桥

或木桥，其中有一种为"保爷桥"。家人为了孩子的健康，请人在路上架一座简易的小桥，二月二敬桥节时办上供品，带孩子到桥边磕头，让孩子入桥为"保爷"，祈求桥神的保佑，这座桥的名字就叫某某桥（"某某"是孩子的名字）。其实"敬桥节"就是为求子或保佑孩子而来的，敬桥节这天也是孩子的节日，有的苗人过节时还要在孩子的脖子上挂红鸡蛋或红鸭蛋，据说孩子吃了会身体健康，妇女吃了就会生育。

踏桥与过人桥（朝鲜族）

农历正月十五日上元节是朝鲜族传统岁时节日。这天晚上，男女老少在月光下踏桥。踏桥，也叫跺桥。朝语中"桥"和"腿"两词同音，踏桥意思为练腿。踏桥时，每人要在桥上往返几次至几十次不等，共次数必须与自己的岁数相等，以求一年之内腿脚无病。朝鲜族八月十五嘉徘节（朝鲜族语意思是"秋夕"，就是汉族的中秋节）夜晚也有踏桥的习俗。

在旧时的上元节，朝鲜族妇女还要进行一种"过人桥"的户外游戏。"过人桥"又称为"踏铜桥"或"踏瓦"。这天村里的妇女们成群外出，数十人弯腰相抱，连接成"人桥"，最后一人在左右同伴的扶持下从人桥上走过，走下人桥后立即弯腰接桥，循环往复，可以一直玩到深夜，有时还伴有歌咏，一人领唱，"是何桥?"，众人齐答应，"清溪山的铜桥!"做这个游戏也是为祈福避灾的。

十五赶桥会（布依族）

每年的农历正月十五和七月十五，在关岭和晴隆交界的北盘江桥头，盘江两岸的布依族青年都要在这里庆祝传统的聚会节日——十五赶桥会，当地人们称为"十五"浪久。

相传在很久以前，北盘江畔有一对布依青年为挣脱包办婚姻，在正月十五这天双双远走高飞。他们的父老族长却借北盘江神的威力，将他们隔在激流两岸。被拆散的鸳鸯，只能隔河相望，苦苦相思。一位山里的大仙为他们的诚心所感动，在七月十五这天，教男青年用茅草扭成十五根茅草索抛向河面，随即化成十五根铁索的铁索桥。一对有情人终于团圆。此后，每逢正月十五和七月十五，盘江两岸方圆百里村村寨寨的布依青年们，就聚集在铁索桥上，为爱情的自由而欢歌。他们穿着新衣服，从四面八方成群结队而来，汇集在桥头，举行浪哨、交游、对歌、甩花包、吹唢呐、拉牛角二胡、吹洞箫、弹月琴等富有民族特色的活动。从早到晚，桥头人山人海，歌声笑语如潮，要等到夜晚月亮出来，人群才渐渐散入群山环抱的村寨。

二月二架桥节（侗族）

我国侗族来源于秦汉时期的"骆越"，贵州、广西、湖南都有分布。侗族同胞对桥，尤其是风雨桥（也叫花桥），有着深厚的感情，他们认为风雨桥是通人性的，能消灾降福，具有"超凡"的生命力量，在"转世投胎""消灾安魂""堵风水"、"拦寨子"等方面有重要的民俗功用。侗族同胞称风雨桥为"福桥"，侗语的意思指"赐予幸福吉祥之桥"。

话说"二月二，龙抬头"，在侗族，二月二是架桥节。相传侗族祖公巴西和祖奶美易就是通过架桥而使子孙发达起来的，架桥的日子正好是农历二月初二。侗族人民为了纪念这个日子，把这一天定为架桥节。这一天所架的桥多是用杉木，而且是请一位家中人丁兴旺的外房人来架，因为在外婚制的条件下，外房人是不可获缺的生殖力源泉。看来架桥的真正用意乃在于祈嗣。

贵州镇远县报京一带架桥节有"浪桥接龙"的活动。所谓浪桥，就是一家人邀些亲友、带些肉、蛋、鱼、米粑，米酒等到桥边野餐一顿，以盼丰年。相传古时桥头供有主管农事的土地神，二月二这天，大家与土地神同席共饮，惟愿当年风调雨顺，五谷丰登。所谓接龙，就是接牛。在报京侗家的心目中，牛，象征犀牛，也象征龙。二月二这天，全寨人从一个丰收寨方向，由芦笙队簇着一条小牯牛接进寨来，然后把那条小牯牛杀掉，将牛肉平均分给全寨各户农家当下酒菜，名曰"吃龙肉"。此间全寨各家互相请喝龙肉酒，席间呼"王龙归位"拳，唱"王龙归位"的酒歌。最后把剩下的那对牛角埋到案中心地犀牛塘地下，表示犀牛回家，接龙归位了，预兆着主寨侗家当年免灾增福，人畜两旺，风调雨顺，万事如意。

投石节（布依族）

贵州三都周覃的布依族，旧时曾有"投石节"。它的用意是希望去除晦气，获得丰收年景。农历四月初八，当地的周、覃两姓要举行隔河投石的游戏，十五至五十的男子都有资格参加，妇女们主要负责后勤工作。投石游戏中有不得登上石桥，不得使用武器，受伤不得发怒闹事等规则，游戏紧张刺激，还有围观的人群，最后结局是一方冲过河去占领对方阵地，双方真诚拥抱。

董朗桥歌节（布依族）

每年农历六月初六，贵州惠水县布依族人民都要举行盛大的传统歌节——董朗桥歌节。

"董朗"是贵州惠水县一个布依族聚居的山乡。传说古时的董朗地方，有个叫阿水的长工，三十岁尚未娶妻。他常到董朗河边唱歌，在对歌中他相识了对岸的布依族姑娘阿花，她本是天上的月神公主下凡。后来他俩经常隔河对歌，久而久之，双方建立了深厚的感情。六月初六这天，阿水、阿花站在各自的岸边唱歌，通过对歌，他们订下终身。于是，阿花将自己的头帕往河上一抛，落下来变成了一座美丽的彩桥。阿水高兴地走过桥来，和阿花结成了美满的夫妻。消息传开，每年六月六日这天，男青年们成群结队到董朗河边唱歌，也希望像阿水那样，找个漂亮的姑娘。后来，形成了"六月六歌节"。

"六月六"董朗歌节，历时三天。届时，惠水和罗甸、紫云、长顺等县有上万的布依族群众赴会。中午，歌场进入高潮。人们穿着节日的盛装，在董朗河岸、在山坡草地，东一群、西一伙，唱着动听的山歌。歌会活动的参加者主要为未婚的男女青年。对歌内容因男女双方的感情发展不同有相识歌、爱慕歌、相爱歌。通过对歌，姑娘若是觅到了知音，便将带的粽粑和袜垫赠送对方。然后双双赶到河边或山坡继续对歌、交谈，互表衷情。晚上，董朗村寨宾客盈门，室里室外，欢歌阵阵，常常通宵达旦。

长顺县的布依族也有歌会,时间在农历七月十五,活动内容与董朗桥歌节相似,当地把七月十五歌会叫做"赶肖冲桥"。

七月半(布依族)

农历七月十五在汉族被认为是鬼节,人们在这一天都会去给死去的老人烧纸,祭祀祖先和孤魂野鬼。布依族的七月半,除了大致与汉族过此节时的相似习俗外,还有许多颇具民族特色和地区特色的活动内容。贵州罗甸、望漠、册亨等县布依村寨的群众于十四日晚上汇集凉亭听老人讲故事,儿童们则要在大坝游戏狂闹;惠水县的一些布依族六月六歌会还没过瘾,七月十四日还要举行歌会;贵州贞丰岩鱼乡的布依族妇女们在农历七月十五祭桥日这一天,备好糯米饭、猪肉和红蛋等物,带孩子去祭生他时所建的桥,祈求孩子身体健康。

过草桥(景颇族)

景颇族婚礼中有一个重要的礼仪——公巴莱,即过草桥。这个习俗的由来，据说是从景颇族的先人宁贯瓦娶龙王的女儿为妻，并用"公巴草"驱除了龙女身上的腥味的传说而来。所谓的草桥是在新郎家的门前，搭起长2—3米，宽15—20厘米的桥，并在桥的两边栽上大叶的"公巴草"草丛。草丛中立有木桩，每个木桩代表一个鬼，比如祖先鬼、婚礼鬼等。新娘要由新郎的弟弟或者侄子下引领过草桥，意在洗去新娘身上一切不好的东西，希望新娘婚后身体健康、勤劳聪慧、多子多福。景颇族人认为，如果不过草桥，不举行仪式，不算正式结婚。

搭花桥与保胎桥（布依族）

布依族婚后数年不生育的夫妻，都会请"迷拉婆（巫婆）"选择吉日"搭花桥"。因为布依族人们相信天上的王母娘娘会通过花桥给不育夫妇送来子女。花桥是用一对竹子做的，要将红绿纸剪成许多人形，放在桥上面。红纸表示男孩，绿纸则表示女孩。先由迷拉婆在房外唱唱跳跳，随后把一根白线从花桥上牵到村外，如果有一只昆虫爬过线上，就认为是王母娘娘送来的女儿；

如果有只水生动物爬在上面,就认为送来的是龙王贵子。全家欢天喜地,把它提起,放在花桥上。由迷拉婆唱些吉利歌,然后将花桥安置在媳妇房门上或床头上方,相信不久就会得子。

同上面的苗族相似,贵州镇宁的布依族孩子出生后,要请巫师算一下需不需要"保爷",如果需要,要选一吉日为他搭一座石桥,称为"保身桥"。实际上,孩子没出生前,当地的布依族为了给孕妇保胎,也有请巫师即老魔搭设"保胎桥"的情形。这种保胎桥乃是一座一米左右的石桥,搭桥时还得请巫师择定时日与地点,其方向要朝着娘家。桥成以后,孕妇要在桥上来回走上三遍,借以感染娘家的生殖魔力,希冀孩子能平安降生。

添花架桥(仫佬族、壮族、侗族)

仫佬族妇女如果久婚不育,就被认为是被"鬼神"所捉弄,要请法师做"添花架桥"的法事,意思是给"送子娘娘"献花,祈求"送子娘娘"早赐贵子。法事要进行一天一夜之久,还要架种类不同的多座桥,有真正的小石桥，有象征性的桥，还要请岳丈"踩桥"，过程繁复，说明人们祈嗣的虔诚与决心。壮、侗等其他少数民族青年夫妇，在久婚未孕而又想要孩子时也要进行"添花架桥"的仪式。

踢竹桥、搭红桥、保胎桥（毛南族、土家族）

广西北部毛南族的民间婚礼上有"踢竹桥"的小情节：新娘子在跨入新郎家门之前，男方家先于大门外数丈远处，设置用红纸裱制的竹桥与纸屋；新娘子从此路过时，必须用力将竹桥与纸屋踢翻并踩烂，然后脱去右鞋入男家门。因为"桥"意味着小孩出生时的一个关卡，踢翻了它，也就不会有难产的担心了；穿右鞋进门，会踩坏男方家的钱财命脉，所以要脱去。

青年男女婚后如果不孕，就要"搭红桥"，夫妻要在神灵前许愿，然后在新房门上围起红布条，插上花枝，表示向万岁娘娘求花。生过孩子之后，还要选择吉日还愿。

毛南族人为防止胎儿在母腹内死亡，也为了妇女的顺产，有时会请师公举行的"祭解法"仪式，约有七种之多。其一即为"半路解"，它的具体做法是，从孕妇家门口出去，在前往村口途中的第一个岔路口处，杀乳猪、鸡、鸭各一只，并在岔路口上扎一座竹拱桥即桥的模型；然后准备祭品，以红纸剪"花童"，用一个红线团，一端挂在竹拱桥上，另一端绑住花童；接着，一面解开红线团，一面将花童牵进孕妇的卧室之内。牵拉红线时，村里的小孩都来争抢，一人扯去一段，以图吉利。那座竹拱桥便为"保胎桥"。和布依族、毛南族的"保胎桥"不一样，土家族的保胎桥是用木板或岩板搭在屋檐滴水处，对着大门和神龛，门口摆上香米利市之类，此种"保胎桥"为的是从屋檐处接通子路。

红桥之俗（壮族）

和毛南族相似，广西河池、柳州的部分壮族也有架"红桥"之俗。久婚不孕或子女多病的妇女在河边或沟渠上架一根竹子或木条，上面悬上红线，贴上红纸，这就是"红桥"之名的来历。数天以后将竹子或木条拿回家，挂在祈嗣的夫妇的卧房门上，逢年过节烧香祭拜。如果红桥灵验，还要举行还愿仪式。在家中安放花婆的神位，因为壮族人民认为，无论男女老少，都是天上司生育之神"花婆"花园里的一朵花。

暖桥（水族）

贵州水族人也有架桥求育的习惯。如果某家女子久不生育，即举行"暖桥"求子仪式，请女巫"过阴"。女巫说："下界官人（鬼的尊称）非不欲送子给你家，只因来到你家必经之路，有某河某沟隔住（或路过远），无桥（或石凳）可渡（或休息），无法前来，你家在某河某沟（或某路旁），修造桥梁（或石凳），子女来时，有渡处，便能到你家。"某家于是择吉日修造石桥或石凳。造好后，用稻草在桥上铺成席，桥四周插竹签，摆好肉食，与亲友在桥上共食，食剩的棕叶、蛋壳一定要留在桥旁，表示桥神领受之意。然后将桥上的稻草在桥旁焚烧，即"暖桥"。最后，家属把桥头的纸竹签按红蓝白色（蓝红色代表男孩，白色代表女孩）各取一份或数份带回家。

拔取竹签时，口呼："孩儿，回家去吧。"这样就深信孩童的灵魂已附于竹签上带回家去了。

更名礼和"认舅舅"（哈尼族）

哈尼族的小孩生下后如果多病、瘦弱而发育缓慢，父母就要为孩子更换名字。更名仪式可以在家举行，也可以到外面溪流桥边举行。象征性地修修桥、补补路，杀一只大红冠子公鸡，等待第一位过往的行人来了为孩子取名。按照哈尼族的规矩，这位行人不能拒绝，因为这是彼此的福气所在，应接过孩子，给孩子取一个吉祥的名字，做孩子的干爹、干妈，与孩子的父母结成亲家，留下一点钱物给孩子做纪念。在哈尼族地区有个干儿子、干女儿，也是件喜事，以后要尽可能地与孩子及其父母保持联系。傈僳族也有为孩子更名的习俗，也是请第一位过此桥者为孩子另外取名。

哈尼族以舅舅为最大，认为"舅舅不大，外甥不长"。"认舅舅"是每个新生儿必须履行的礼俗。认舅舅的那一天，一早起来，母亲就把刚满三四个月的孩子的脸洗干净，穿戴一新，在孩子的脑门上点一指锅烟子，帽子上系一个大蒜和一枝红泡刺儿以避邪。然后背着婴儿，肩挎准备好的炒黄豆、熟鸡蛋和糯米饭等前往舅舅家。路上遇见迎面而来的人，不分民族和男女，母亲都要满面笑容地抓一把香喷喷的炒黄豆递上来。也有人说"认舅舅"当天，母亲把准备好的食物放在桥头，表示与桥共食，若等到路过者，则邀请他一起吃并认他为孩子的舅舅。然后，母子到新认的舅舅家住几天，舅舅家则要盛情款待，两家从此成为亲戚。

架桥撞名（彝族）

一些地方的彝族有"架桥撞名"的习俗，这个习俗是说如果孩子在一岁之前经常啼哭，就要抱到路上去"撞名"。准备一瓶酒、一只熟鸡、一锅饭、一个小木桥，将酒、鸡、饭放在靠近小沟的地方，把桥搭在小沟上，抱着孩子躲在附近的草丛树林中，一旦发现有二十岁以上的男人从小桥上走过马上就跑出来把他拉着，扯下过桥人的一个衣扣，抱孩子拜之，要求他给孩子取个名字。

过桥人则把孩子接过手,向东南西北各三拜,从此过桥人就成了孩子的干阿爸。拜认完了,大家应在原地生火热鸡,热饭,同吃同喝,临别时互告姓名住址,以后经常来往。云南德宏州梁河县阿昌族也有"架桥闯名"的认干爹方式。这些和哈尼族的更名仪式有异曲同工之处。

主要参考书目

陈泽泓、陈若子,《中国桥梁》,广东人民出版社,1993年。
程华平,《中国古代戏曲故事大观——神话传说》,东方出版中心,1996年。
樊凡,《桥梁美学》,人民交通出版社,1987年。
何萱、周仁德等,《水墨周庄》,江苏美术出版社,2002年。
李晓杰等,《九州津梁》,长春出版社,2007年。
刘海栖,《七夕乞巧》,明天出版社,2001年。
罗英,《中国古代石桥》,人民交通出版社,1959年。
茅以升,《彼此的抵达》,百花文艺出版社,1998年。
茅以升主编,《中国古桥技术史》,北京出版社,1986年。
潘洪萱,《古代桥梁史话》,中华书局,1982年。
潘洪萱,《中国建筑艺术全集:桥梁、水利建筑卷》,中国建筑工业出版社,2001年。

《桥梁史话》编写组，《桥梁史话》，上海科学技术出版社，1979年。

孙波，《中国古桥》，华艺出版社，1993年。

唐寰澄，《中国古代桥梁》，文物出版社，1987年。

唐寰澄，《中国科学技术史：桥梁卷》，科学出版社，2000年。

田苗、白云，《中国科技史画册》，中国物资出版社，1995年。

王展意，《桥林漫话》，人民交通出版社，1994年。

於贤德，《中国桥梁》，广东旅游出版社，1996年。

袁珂，《中国神话传说词典》，上海辞书出版社，1985年。

张柏如，《侗族建筑艺术》，湖南美术出版社，2004年。

周魁一、谭徐明，《中国文化通志·交通水利志》，上海人民出版社，1999年。

梁思成，《中国建筑史》，百花文艺出版社，1998年。

周沙尘，《中国古今桥梁觅胜》，中国展望出版社，1984年。

周星，《境界与象征：桥和民俗》，上海文艺出版社，1998年。

朱惠勇，《中国古桥录》，杭州出版社，2002年。

附记

这本小书的主要内容曾以《九州津梁》（长春出版社，2007年）为题刊行。在此特向当时参与编撰的其他三位成员韩凤冉、孙钰红、周庆彰表示谢意！另外，此次书稿的重新编纂，承中西书局编辑王宇海先生的鼎力相助，不胜感荷！

李晓杰

二〇一九年九月十五日

图书在版编目（CIP）数据

桥上桥下的中国 / 李晓杰著. -- 上海：上海文艺出版社, 2022.9
(九说中国. 第二辑)
ISBN 978-7-5321-8187-2

Ⅰ.①桥… Ⅱ.①李… Ⅲ.①古建筑－桥－介绍－中国
Ⅳ.①K928.78

中国版本图书馆CIP数据核字(2022)第126402号

发 行 人：毕　胜
策 划 人：孙　晶
责任编辑：余雪霁
封面设计：胡斌工作室

书　　名：桥上桥下的中国
作　　者：李晓杰
出　　版：上海世纪出版集团　上海文艺出版社
地　　址：上海市闵行区号景路159弄A座2楼　201101
发　　行：上海文艺出版社发行中心
　　　　　上海市闵行区号景路159弄A座2楼206室　201101　www.ewen.co
印　　刷：上海盛通时代印刷有限公司
开　　本：787×1092　1/32
印　　张：8.75
插　　页：5
字　　数：121,000
印　　次：2022年9月第1版　2022年9月第1次印刷
Ｉ Ｓ Ｂ Ｎ：978-7-5321-8187-2/G·0341
定　　价：49.00元
告 读 者：如发现本书有质量问题请与印刷厂质量科联系